INSTRUCTION
DU 13 MARS 1894
sur

L'APTITUDE PHYSIQUE
AU

SERVICE MILITAIRE

2ᵉ ÉDITION

PARIS
Henri CHARLES LAVAUZELLE
Éditeur militaire
11, PLACE SAINT-ANDRÉ-DES-ARTS, 11
(Même maison à Limoges.)

1896

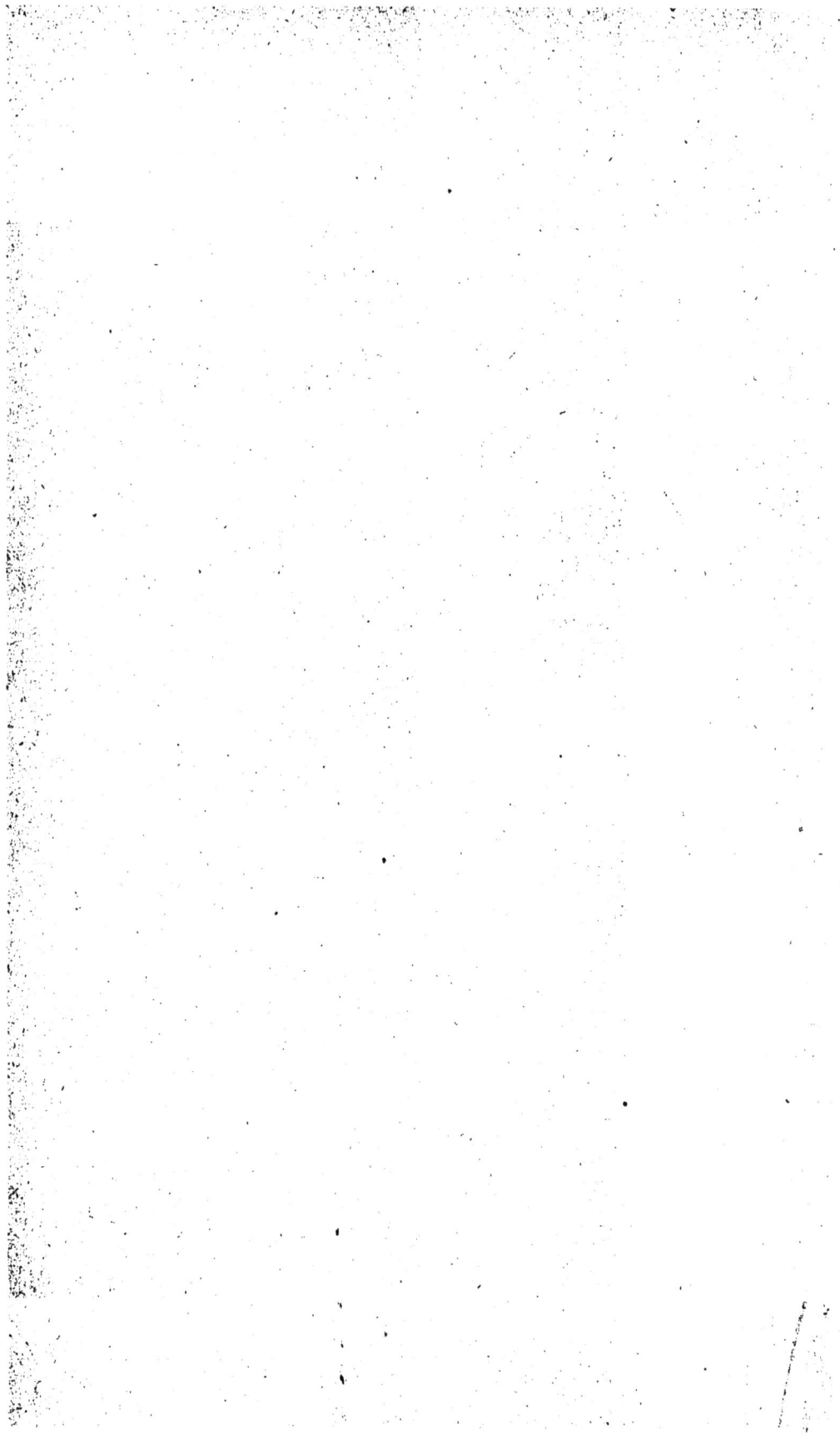

INSTRUCTION DU 13 MARS 1894

L'APTITUDE PHYSIQUE

AU

SERVICE MILITAIRE

———≈✦≈———

I. — CONSIDÉRATIONS PRÉLIMINAIRES.

———

Exemption.

La loi sur le recrutement de l'armée, du 15 juillet 1889, exempte du service militaire les jeunes gens que leurs infirmités rendent impropres à tout service (art. 20).

Cette exemption est prononcée en séance publique par un conseil de revision assisté d'un médecin, qui examine les jeunes gens et donne son avis sur leur aptitude au service militaire (art. 18).

Cet avis est consigné dans une colonne spéciale en face de chaque nom sur les tableaux de recensement.

Ajournement.

Le conseil de revision peut décider, deux années de suite, l'ajournement des jeunes gens qui sont au-dessous de la taille minimum de 1ᵐ,54 ou qui sont d'une complexion trop faible pour faire immédiatement un service actif (art. 27).

Avant qu'il soit statué, le médecin doit examiner si la faiblesse de constitution des sujets n'est attribuable qu'à une croissance

Apt. phys.   1 trop rapide ou à une évolution tardive de l'organisme, et émettre son avis sur les chances d'amélioration que peuvent apporter une ou deux années de délai.

Service auxiliaire.

Le conseil de revision classe dans le service auxiliaire les jeunes gens qui, en raison de certaines défectuosités, ne sont pas aptes au service actif et qui, néanmoins, peuvent être utilement employés à certains services de seconde ligne ou de l'arrière (art. 20).

Le conseil de revision s'inspirera, pour le classement dans le service auxiliaire, des considérations ci-après, résultant des définitions données lors de la discussion de la loi tant à la Chambre des députés qu'au Sénat. Le service auxiliaire comprend deux catégories de jeunes gens : d'abord ceux qui n'ont pas la taille de $1^m,54$, puis ceux qui sont atteints d'infirmités ou de difformités qui, sans motiver l'exemption, les rendent absolument incapables d'un service actif. Ces jeunes gens ne sont jamais appelés, si ce n'est dans le cas de mobilisation ou de guerre.

Le médecin doit s'assurer qu'il n'existe aucune maladie ou infirmité pouvant diminuer d'une façon notable la faculté de travailler, ou constituer une difformité repoussante et fait encore connaître, avant le vote du conseil de revision, quelles sont les conclusions de son examen.

Dispenses.

Le conseil de revision confère la dispense du service militaire à des jeunes gens qui doivent être considérés comme chefs de famille par suite de la cécité, de l'incurabilité ou de l'impotence de certains parents (art. 21).

D'autre part, il dispense de la taxe fixe les hommes exemptés du service militaire pour infirmités entraînant l'impotence (art. 35).

Qu'il s'agisse d'une infirmité congénitale ou acquise, l'impotence résulte aussi bien de l'impossibilité manifeste d'exercer une profession en rapport avec les aptitudes du sujet, capable de procurer les ressources nécessaires pour pourvoir à sa propre subsistance et de venir en aide à sa famille, que de l'incapacité absolue du travail.

Dans les deux cas, le médecin est appelé à visiter les personnes qui motivent la demande de dispense et à déclarer l'incurabilité ou l'impotence.

Engagements.

L'armée active se recrute non seulement par la voie des appels, mais encore par des engagements, par des rengagements et par des commissions (art. 59, 63 et 68). Ces divers modes de recrutement étant naturellement subordonnés aux conditions d'aptitude physique nécessaires pour faire un service armé, les sujets sont soumis avant tout, en présence du chef de corps ou du commandant de recrutement, à l'examen d'un médecin qui certifie par écrit cette aptitude.

L'engagé peut avoir été déclaré impropre au service ou classé dans les services auxiliaires par le conseil de revision, ou, ayant déjà servi, avoir été réformé. Il peut aussi, ayant été réformé pour des motifs autres que pour blessures reçues en service commandé ou pour infirmités contractées dans les armées de terre ou de mer, être ultérieurement compris dans un contingent par le conseil de revision, si les motifs de réforme ont cessé d'exister (art. 59 de la loi et décret du 28 septembre 1889).

Réformes et retraites.

Tous les jeunes gens inscrits sur les tableaux de recrutement, qui n'ont pas été exemptés, les engagés et les rengagés appartiennent à l'armée pendant vingt-cinq ans, au delà de vingt-cinq ans pour les commissionnés, et n'en peuvent sortir que par la réforme ou par la retraite, si l'aptitude au service militaire vient à cesser.

Le médecin est encore, dans cette circonstance, appelé à examiner l'aptitude militaire des sujets devant les commissions spéciales instituées à cet effet, et il doit certifier, par écrit, les conclusions de son examen, en observant avec soin les formes prescrites, suivant les différents cas, par les instructions ministérielles (Notice 5 du règlement du service de santé de l'armée).

La présente instruction a pour but d'aider la mémoire du médecin dans ces expertises médico-légales, en lui donnant des indications : d'abord sur les points qui doivent faire particulièrement l'objet de son examen pour reconnaître l'aptitude au service militaire, puis sur les infirmités qui sont incompatibles avec ce service; enfin, sur les conclusions qu'il peut légitimement formuler à la suite de certaines constatations; mais beaucoup de ces indications n'ont rien d'absolu.

II. MODE D'EXAMEN DES HOMMES.

L'homme à examiner devant le conseil de revision doit se présenter entièrement nu, et s'il montre quelques appréhensions à ce sujet, le médecin doit chercher à les dissiper avec bienveillance, en s'entourant de précautions pour mettre l'examiné à l'abri d'une curiosité indiscrète, et, dans tous les cas, ménager les légitimes susceptibilités des familles.

Dès que l'homme s'avance devant le conseil, on juge d'un coup d'œil général s'il existe des défectuosités saillantes dans la conformation ou dans la marche, et on complète cet examen d'ensemble en plaçant le sujet debout sur une natte, les talons rapprochés, les bras pendant sur les côtés du corps, les mains ouvertes et la paume dirigée en avant.

On passe ensuite successivement à l'examen détaillé des différentes parties du corps, en commençant par la tête et en procédant de chaque région de l'extérieur à l'intérieur; on interroge chaque organe et on s'assure, par tous les moyens d'investigation :

1° S'ils sont sains, bien conformés, et si rien ne porte obstacle à la plénitude des mouvements nécessaires à la profession des armes ;

2° Si aucune partie ne peut souffrir du port des vêtements, de l'équipement et des armes ;

3° Si, par suite de faiblesse organique, de prédispositions morbides ou de maladie déjà existante, la santé et la vie du sujet ne seraient pas directement compromises par les circonstances habituelles de la vie militaire ;

5° Si quelque infirmité ou maladie, sans gêner l'exercice des fonctions, est de nature à être transmise ou à exciter le dégoût et, par cela même, incompatible avec la vie en commun des soldats.

On peut, dans cet examen, recourir à tous les moyens d'exploration exempts d'inconvénients, tels que stéthoscopes, rubans métriques, instruments optométriques, ophtalmoscopes, otoscopes, spéculums, etc.

L'emploi local des mydriatiques, étant reconnu inoffensif, est autorisé devant les conseils de revision ; mais l'usage des anesthésiques généraux est interdit.

Les difficultés habituelles du diagnostic médical sont souvent augmentées par des tentatives de fraude contre lesquelles la sagacité du médecin doit toujours être en garde.

Les maladies simulées sont fréquentes chez les appelés ; ce n'est qu'en se livrant à des investigations approfondies, en usant des méthodes de mensuration précises, en étudiant les antécédents et en comparant les renseignements fournis par l'examiné et par la notoriété publique, que l'on parvient généralement à découvrir l'imposture et à démontrer la simulation.

Les maladies provoquées ne sont pas rares non plus chez les appelés : lorsque certaines infirmités existent, qui, par leur essence et leur gravité, rendent impropre au service militaire, il reste encore à établir si elles n'ont pas été provoquées a dessein, et il faut être très circonspect avant d'exposer, par une accusation de cette nature, à des poursuites judiciaires ou aux sévérités de la loi (art. 69 et 70).

Les maladies dissimulées peuvent aussi échapper à un examen rapide, et les maladies internes qui n'ont pas entraîné des désordres généraux sont souvent difficiles à soupçonner. La dissimulation est rare chez les appelés, mais elle est fréquente chez les engagés volontaires, les rengagés et les commissionnés.

Devant le conseil de revision, dont les opérations sont rapides, il n'est pas toujours possible de résoudre, séance tenante, toutes ces questions de diagnostic, et, dans les cas douteux, le médecin peut demander au conseil de suspendre sa décision, soit jusqu'à la fin de la séance, soit jusqu'à une autre séance, pour permettre un examen médical plus approfondi ou pour attendre les documents d'une enquête, si elle est reconnue nécessaire.

Le conseil a aussi la faculté de renvoyer, à la fin et avant la clôture de ses opérations, l'examen des hommes qui sont atteints de maladies aiguës ou d'affections dont la guérison est possible dans un laps de temps restreint ; mais, si le médecin prévoit que le temps nécessaire pour obtenir le rétablissement doit dépasser l'époque de l'incorporation aux termes de la loi, l'ajournement à un an peut être prononcé.

Un même sujet peut offrir à la fois plusieurs maladies ou infirmités, qui, prises isolément, sont compatibles avec les exigences du service militaire, tandis que, réunies, elles peuvent constituer un ensemble assez défectueux pour motiver l'exemption, le classement dans les services auxiliaires ou la réforme.

Toutes les armes ne nécessitent pas des aptitudes identiques, puisque leurs attributions diffèrent. Dans les unes, certaines aptitudes physiques doivent être prépondérantes ; dans les autres, certaines imperfections physiques sont peu gênantes ; il appartient à l'autorité militaire de tenir compte de ces détails, afin de répartir dans les corps les hommes conformément à leurs aptitudes et aux besoins des diverses armes.

Les conseils de revision sont généralement disposés à accorder l'exemption pour des infirmités visibles ou palpables, quoique souvent légères, et ils se montrent plus rigoureux au sujet d'altérations viscérales, dont ne peuvent se rendre compte les personnes étrangères à la médecine ; il appartient alors à l'expert de ne pas se borner à une simple déclaration de ses conclusions, mais de faire apprécier par quelques explications les motifs légitimes d'inaptitude au service militaire.

Lorsque le sujet à examiner au point de vue de l'aptitude militaire est incorporé, la tâche devient plus facile, pour le médecin, que devant les conseils de revision, car on n'est plus dans l'obligation de poser, séance tenante, un diagnostic souvent compliqué ; on a le temps de s'éclairer par des enquêtes, le sujet peut être étudié à loisir, et, s'il est besoin, il peut être mis en observation dans un hôpital militaire, où aucun moyen d'exploration ne fait défaut.

Les instruments nécessaires pour procéder à l'examen médical des hommes dans les bureaux de recrutement et devant les conseils de revision, sont délivrés gratuitement comme pour les corps de troupe, sur une demande en double expédition adressée par les commandants de recrutement au directeur du service de santé du corps d'armée. Il est produit, en fin d'année, un compte de gestion de ce matériel. (Voir articles 76 et 93 du règlement du service de santé de l'armée.)

III. MALADIES, INFIRMITÉS OU VICES DE CONFORMATION QUI RENDENT IMPROPRE AU SERVICE MILITAIRE.

Les hommes d'une constitution robuste et irréprochable ne sont pas les plus nombreux, et en n'importe quel pays le recrutement de l'armée serait très difficile si l'aptitude physique non seulement au service actif, mais aussi aux nombreux emplois qu'il comporte, n'était par expérience compatible avec certaines maladies, infirmités ou vices de conformation. Ces mêmes affections peuvent, cependant, légitimer l'exemption quand elles atteignent certains degrés, et ceux-ci sont indiqués dans la nomenclature suivante, qui comprend, en outre, les affections absolument incompatibles avec le service militaire.

AFFECTIONS EN GÉNÉRAL.

1. Faiblesse de constitution.

La faiblesse de constitution, suivant ses degrés, motive l'exemption, l'ajournement ou l'envoi dans le service auxiliaire, mais seulement après le troisième examen devant le conseil de revision.

2. Maigreur.

La maigreur exagérée, si elle n'est pas due à la misère, est rarement indépendante d'une maladie et motive, ordinairement, l'exemption ; elle justifie la réforme lorsqu'elle est occasionnée par une maladie chronique ou par une usure prématurée.

3. Obésité.

L'obésité apportant un obstacle sérieux à la marche, ainsi qu'aux obligations variées de la vie militaire, entraine, suivant ses degrés, le classement dans le service auxiliaire, l'exemption et la réforme. Cependant, l'exemption ne sera pas prononcée s'il n'existe qu'une tendance à l'embonpoint attribuable à la profession et qui peut disparaitre sous l'influence d'une vie active.

4. Anémie.

L'anémie ne justifie l'exemption ou la réforme que lorsqu'elle est rebelle et prononcée.

5. Cachexies.

Les diverses cachexies paludéennes, scorbutiques, saturnines, mercurielles, pellagreuses profondément accusées, accompagnées de lésions d'organes ou de viscères, et dont on ne peut prévoir la guérison à bref délai, nécessitent l'exemption et la réforme.

6. Rhumatisme, goutte et gravelle.

Les dyscrasies rhumatismales, goutteuses et les gravelles dans les formes les plus accentuées, quand les accès sont fréquents et ont laissé des altérations organiques manifestes, justifient l'exemption et la réforme.

7. Diabète et albuminurie.

Le diabète et l'albuminurie persistants motivent l'exemption et la réforme.

8. Tuberculose.

Les indices de tuberculose généralisée ou localisée dans un organe quelconque motivent toujours l'exemption et la réforme immédiates. Il importe de ne pas attendre les déclarations des malades et d'assurer, par les enquêtes et examens nécessaires, l'exclusion absolue de l'armée des militaires atteints de cette affection.

9. Scrofulose.

Les scrofules caractérisées entraînent l'exemption, et, lorsqu'elles sont rebelles, la réforme.

Les stigmates, les éruptions, les ulcères, les suppurations scrofuleuses peuvent être imités par des caustiques, des vésicants et des rubéfiants. Si la constitution et le tempérament sont bons, si les lésions sont superficielles, sans indurations ganglionnaires, et si elles n'ont pas l'aspect caractéristique, la simulation est à soupçonner.

10. Syphilis.

Les ulcères phagédéniques étendus, les syphilides ulcéreuses graves, les nécroses syphilitiques avec perte de substance et déformation notables ; enfin, les lésions syphilitiques du système nerveux et des viscères sont des causes d'exemption ou de classement dans le service auxiliaire et peuvent aussi justifier la réforme.

11. Morve et farcin.

La morve et le farcin chronique entraînent nécessairement l'inaptitude au service de l'armée.

12. Eczéma et impétigo chroniques.

L'eczéma ou l'impétigo chroniques, tenaces et sujets à récidive, donnent lieu à l'exemption ; ils motivent la réforme, dans le cas d'incurabilité.

13. Lichen chronique et psoriasis.

Le lichen chronique et le psoriasis, occupant de grandes surfaces, motivent l'exemption, et la réforme s'ils sont rebelles au traitement.

14. Pityriasis et ichtyose.

Les mêmes conclusions sont applicables au pityriasis et à l'ichtyose, s'ils occupent de grandes surfaces ; sinon, ils sont compatibles avec le service auxiliaire.

15. Ecthyma, rupia et pemphigus.

Ces affections cutanées ne motivent l'exemption et la réforme que si elles sont chroniques, rebelles et sous la dépendance d'une mauvaise constitution ou d'une altération profonde de l'organisme.

16. Acné et couperose.

L'acné chronique ne peut motiver l'exemption ou la réforme que si l'affection siège à la face et donne un aspect repoussant.

17. Lupus.

Le lupus, sous toutes ses formes, entraîne l'inaptitude au service militaire.

18. Sycosis.

Le sycosis tuberculeux comporte l'ajournement ou l'exemption, très rarement la réforme.

Le sycosis peut être simulé avec de l'huile de croton ou de la pommade stibiée ; on découvre la supercherie à l'aide du microscope et en soumettant l'homme à une surveillance assidue.

19. Eléphantiasis.

L'éléphantiasis est incompatible avec le service militaire.

20. Ulcères.

Les ulcères peuvent être provoqués par l'application de substances irritantes, ou entretenus volontairement, ou être simplement le résultat de la malpropreté, des frottements de vêtements ou d'un travail professionnel. S'ils dépendent d'un état diathésique ou d'une mauvaise constitution, si leur ancienneté est constatée, s'ils sont causés par des varices ou par des troubles trophiques, ils motivent l'exemption ; enfin, s'ils sont rebelles à tout traitement, ils déterminent la réforme.

21. Cicatrices.

Les cicatrices étendues, difformes, sujettes à s'ulcérer, gênant le fonctionnement des organes ou l'exercice des mouvements et le port d'un vêtement militaire, sont des motifs d'exemption et souvent de réforme.

22. Tumeurs bénignes.

Les tumeurs bénignes ne doivent motiver l'exemption que si, par leur volume et leur position, elles occasionnent de la gêne ou causent une difformité. Elles ne donnent lieu à la réforme qu'autant qu'elles ne peuvent être enlevées ou traitées.

23. Productions cornées.

Les productions cornées volumineuses entraînent l'exemption si elles sont exposées à des pressions gênantes ou si elles s'opposent au libre mouvement des parties voisines, et la réforme si elles ne peuvent être détruites par les moyens chirurgicaux.

24. Tumeurs malignes.

Toutes les tumeurs malignes motivent l'exemption ou la réforme.

25. Varices et fistules lymphatiques.

La varice et la fistule lymphatiques motivent l'exemption et la réforme.

26. Adénite.

L'adénite aiguë ne constitue un cas d'ajournement ou d'exemption que lorsqu'elle s'accompagne de décollements et de trajets fistuleux dont la guérison est jugée difficile. L'adénite chronique de nature scrofuleuse ou tuberculeuse, les hypertrophies et les dégénérescences ganglionnaires volumineuses exigent l'exemption et a réforme lorsqu'elles ont été réfractaires à tout traitement.

27. Nœvi materni et tumeurs érectiles.

Les nœvi materni et les tumeurs érectiles motivent l'exemption s'ils siègent à la face, ou si, sur d'autres régions, ils sont volumineux, étendus et exposés à des pressions habituelles ; dans les autres cas, ils sont compatibles avec le service auxiliaire.

28. Anévrismes.

Les anévrismes, quelle qu'en soit la variété, sont des causes d'exemption et de réforme.

29. Névralgies.

Les névralgies, à moins d'être persistantes ou récidivées, mettent rarement dans l'impossibilité de faire un service actif.

30. Névrômes.

Les névrômes douloureux motivent l'exemption et la réforme.

31. Paralysies.

Les paralysies provenant d'une affection des centres nerveux sont graves et souvent incurables ; elles entraînent l'exemption et la réforme. Au contraire, les paralysies de nature syphilitique, rhumatismale, par intoxication saturnine ou par maladie infectieuse ; celles qui sont produites par une lésion traumatique peu considérable, une contusion, une compression prolongée, etc., étant susceptibles de guérison, ne motivent l'exemption que si elles entraînent des troubles fonctionnels importants. Il en est de même pour la réforme, qui exige que l'incurabilité soit démontrée.

Les paralysies de la locomotion peuvent être simulées, notamment les paralysies partielles, qui sont les plus faciles à imiter. La paralysie, lorsqu'elle existe depuis quelque temps, amène dans la partie paralysée des changements qu'on ne peut simuler, et qui sont dus aux troubles trophiques : atrophie des membres, décoloration de la peau, flaccidité des chairs, relâchement des articulations, abaissement de la température. En outre, chaque paralysie a des caractères particuliers qui, échappant le plus souvent au simulateur, mettent sa supercherie à découvert. Dans les cas douteux, on recueillera les renseignements qui seront fournis par les autorités locales. S'il s'agit d'un militaire, on le surveillera attentivement et on le soumettra à l'électrisation ou aux autres moyens capables d'éclairer le diagnostic.

32. Contractures.

Les contractures musculaires, symptomatiques d'affections des centres nerveux, nécessitent l'exemption. Il en est de même des contractures d'une origine différente, quoique moins graves, toutes les fois qu'elles sont anciennes et qu'elles déterminent soit une gêne prononcée des mouvements, soit des positions vicieuses. On doit en excepter les contractions ou roideurs musculaires passagères, produites par le refroidissement ou par une autre cause. La contracture n'entraîne la réforme que si elle est incurable.

La contracture du cou, de la colonne vertébrale ou des membres est souvent feinte : on est fondé à le soupçonner quand elle est prétendue ancienne et que néanmoins les parties contracturées ne sont pas atrophiées.

33. Spasmes.

Les spasmes fonctionnels, ou contractions musculaires spasmo-diques involontaires et continues, indolentes ou douloureuses, qui se manifestent à l'occasion de certains mouvements ou exercices, comme la crampe des écrivains, etc., sont des causes d'exemption et de réforme, quand elles entravent des fonctions dont l'intégrité est indispensable pour la vie militaire.

34. Tremblement.

Le tremblement habituel dû à une affection des centres nerveux, et particulièrement à l'alcoolisme, aux émanations de plomb et de mercure, à la paralysie agitante et à la sclérose en plaques de la moelle, rend impropre au service militaire.

Cette affection est quelquefois simulée, mais elle se reconnaît à des caractères spéciaux. Les contractions musculaires qui la constituent se font avec une grande vivacité et en plusieurs temps : par exemple, le malade qui veut plier le bras ne peut y parvenir en une seule fois, mais par une suite de contractions saccadées produisant le tremblement. Ces phénomènes ne sont jamais assez bien imités pour tromper le médecin qui, en examinant le malade, doit rechercher la cause et la lésion auxquelles cette infirmité peut être attribuée. On a recours à l'enquête, s'il en est besoin.

35. Ruptures et hernies des muscles.

La rupture ou la section des fibres musculaires ou des tendons, la hernie des muscles, ne justifient l'exemption ou la réforme qu'autant qu'il en résulte la perte ou la diminution définitive des fonctions d'un organe important.

36. Adhérences et rétractions musculaires.

Les adhérences et les rétractions musculaires ou tendineuses, apportant un obstacle à l'exécution de mouvements importants, sont presque toujours des causes d'incapacité de servir. La réforme ne sera accordée que si le traitement était resté inefficace.

37. Atrophie musculaire.

L'atrophie partielle des muscles, de causes diverses, motive l'exemption ou la réforme si elle a pour résultat la perte ou l'affaiblissement de mouvements importants, si elle n'est pas incurable et si elle n'a pas été provoquée.

38. Synovite tendineuse.

L'altération grave des gaines tendineuses motive l'inaptitude au service militaire.

39. Arthrite chronique, hydarthrose.

L'arthrite chronique et l'hydarthrose sont des causes d'exemption et de réforme lorsqu'il est démontré qu'elles sont anciennes et qu'elles ont été traitées sans succès.

40. Tumeurs blanches.

Les tumeurs blanches mettent dans l'impossibilité absolue de servir.

41. Corps mobiles.

Les corps mobiles des articulations donnent droit à l'exemption et à la réforme ; mais il est quelquefois difficile d'en constater la présence, surtout s'il n'existe ni épanchement ni engorgement articulaires. Les renseignements fournis peuvent venir en aide au médecin qui, dans les cas douteux, pourra demander de procéder à un nouvel examen, après la tournée du conseil et avant la clôture de ses opérations.

42. Ankylose.

L'ankylose vraie entraine l'exemption et la réforme, suivant l'importance de l'articulation qui en est le siège.

L'ankylose fausse, résultant d'altérations de la synoviale, des tissus périarticulaires, et, quelquefois, de déformations des extrémités osseuses, entraine l'exemption et la réforme, suivant l'importance des troubles fonctionnels qui en résultent. A la différence de l'ankylose vraie, elle n'abolit pas tous les mouvements de l'articulation, et, le plus souvent, elle ne fait que les limiter dans une étendue plus ou moins considérable ; cette dernière circonstance donne lieu fréquemment à la simulation ou à l'exagération d'un obstacle au jeu normal de l'articulation.

Les maladies articulaires et le traitement employé laissent fréquemment des traces qui peuvent éclairer le diagnostic, mais qui peuvent aussi être invoquées par le simulateur comme preuve de l'infirmité qu'il allègue.

Dans l'ankylose incomplète, les mouvements de l'articulation, volontaires ou communiqués, ne sont ordinairement pas douloureux ; faciles dans une certaine limite, qui est toujours la même, ils sont bornés, soit par une rétraction des muscles ou des ligaments, soit par une déformation des surfaces articulaires, et alors il se produit quelquefois un choc au moment où le mouvement de l'articulation se trouve arrêté.

Lorsque l'infirmité est simulée, les sujets accusent une douleur vive, contractent leurs muscles afin de s'opposer aux mouvements dont l'étendue n'a rien de fixe. Pour mettre à découvert la fraude, on détournera l'attention du simulateur en l'interrogeant, et, en même temps, on imprimera des mouvements rapides de flexion et d'extension de manière à fatiguer les muscles, puis, tout à coup, on cherchera à compléter, par une impulsion brusque, le mouvement dont la possibilité est contestée. Un autre moyen, qui réussit souvent, consiste à faire cesser la contraction simulée soit en soumettant les muscles à une tension continue à l'aide des mains ou d'une bande élastique, soit en faisant exécuter simultanément aux deux membres le même mouvement.

43. Déformation, distension, relâchement.

Les déformations, distensions et relâchements articulaires consécutifs à l'entorse, à la luxation et à d'autres causes, sont des motifs d'exemption et de réforme s'ils occasionnent une faiblesse notable de l'articulation ou la déviation du membre.

44. Abcès.

Les abcès froids et les abcès par congestion entraînent généralement l'exemption ou la réforme.

45. Périostite.

La périostite chronique suppurée, l'hyperostose volumineuse avec déformation et les tumeurs du périoste peuvent entraîner l'exemption. Si la constitution est altérée, l'incapacité de servir sera déclarée.

46. Ostéite.

L'ostéite chronique non suppurée ou avec suppuration occasionnant une gène fonctionnelle notable, ou s'accompagnant d'un état débile de la constitution est cause d'exemption, à moins qu'elle ne soit superficielle et qu'elle ne doive se terminer par une guérison prompte et complète. Elle entraîne la réforme si elle a résisté aux moyens de traitement employés ou si elle entrave l'accomplissement des fonctions de la partie malade ; à plus forte raison si elle se termine par nécrose ou carie.

47. Périostose, exostose.

Les périostoses et les exostoses ne sont compatibles avec le service militaire qu'autant qu'elles n'apportent pas de gène dans les parties où elles siègent ; dans le cas contraire, elles justifient l'exemption.

48. Tumeurs osseuses.

Les tumeurs osseuses diverses peuvent rendre impropre au service militaire.

Les déformations des os, leur courbure exagérée, leur raccourcissement par suite de rachitisme ou de fractures vicieusement consolidées, déterminent également l'exemption et la réforme.

AFFECTIONS LOCALISÉES.

Crâne.

49. Teignes.

Nécessitent l'exemption et la réforme : le favus ou teigne faveuse (achorion) et la pelade lorsqu'elle est très étendue et présente les caractères de l'incurabilité.

La teigne faveuse est simulée avec de l'acide azotique employé en pommade ou déposé goutte à goutte sur le cuir chevelu. On s'aperçoit de la fraude à l'absence de l'odeur caractéristique du favus, à la forme des croûtes, qui ne sont pas en godets, à la présence de petites plaies superficielles entourées d'une auréole enflammée et circonscrite que l'on découvre en enlevant les croûtes. Les individus atteints de favus sont ordinairement chétifs, lymphatiques et affectés d'engorgement des ganglions cervicaux.

L'huile de cade, l'huile de croton, le tartre stibié, des poudres diverses jetées dans les cheveux servent à simuler d'autres affections cutanées.

La dissimulation du favus s'opère en faisant tomber les croûtes à l'aide d'un cataplasme. Elle est reconnue à la rougeur de la peau et à l'altération et à la rareté des cheveux au niveau des parties malades.

50. Alopécie et calvitie.

L'alopécie reconnue incurable, occupant une grande étendue, lorsque les cheveux seront rares, grêles, courts, rabougris et cassants, motive le classement dans le service auxiliaire, l'exemption ou la réforme, selon son degré.

La simulation en est facile à constater ; dans l'alopécie réelle, le cuir chevelu est lisse, luisant, et a une teinte blanche ; dans l'alopécie simulée, la peau est mate et parsemée de points bleuâtres correspondant aux ouvertures des bulbes pileux.

En passant les doigts dans les cheveux, on s'apercevra de l'application des pièces postiches destinées à dissimuler l'alopécie.

La calvitie indépendante de toute éruption cutanée ne motive pas la réforme.

51. Tumeurs de la tête.

Toute tumeur volumineuse de la tête, qu'elle ait sa racine dans l'épaisseur des parties molles ou dans la paroi osseuse, réclame l'exemption. Quand les tumeurs sont petites et bénignes, on ne doit s'y arrêter qu'autant qu'elles se montrent dans une région où elles seraient comprimées douloureusement par la coiffure. Les petites tumeurs bénignes peuvent souvent être enlevées par une opération chirurgicale légère et ne motivent pas toujours l'exemption.

Les tumeurs de mauvaise nature, quel que soit leur volume, sont toujours un motif d'exemption et de réforme.

52. Ossification imparfaite.

L'ossification imparfaite des os du crâne, reconnaissable à la persistance de la fontanelle fronto-pariétale, et quelquefois à l'écartement, à la mobilité, à la dépressibilité élastique des bords des os, est un motif d'exemption et de réforme. Il en est de même de l'hyperostose étendue.

53. Cicatrices, lésions étendues.

Les cicatrices étendues, inégales, fragiles, qui sillonnent largement la surface du crâne, celles qui proviennent de grandes lésions ou de plaies profondes, de dépressions, d'enfoncement, d'exfoliation ou d'extraction des os, sont des causes d'exemption et de réforme.

Centres nerveux.

54. Idiotie, crétinisme, aliénation mentale.

Parmi les maladies des centres nerveux qui sont incompatibles avec le service militaire, se rangent l'idiotie, le crétinisme et l'aliénation mentale sous toutes ses formes.

Ces affections offrent de grandes facilités à la simulation, contre laquelle le médecin doit être en garde. Lorsqu'on opère devant le conseil de revision, on n'a souvent ni le temps ni les moyens d'asseoir son jugement, et il faut s'en rapporter à l'enquête. Le médecin pourra néanmoins, dans certains cas, arriver à de sérieuses présomptions fondées sur l'habitude extérieure, l'expression de la physionomie et l'interrogation du sujet. Dans les hôpitaux, il est plus facile, avec de la patience et une connaissance exacte de ces affections, de dévoiler la fraude.

55. Paralysie générale progressive.

La paralysie générale progressive est incompatible avec le service militaire.

56. Delirium tremens.

Le delirium tremens, avec accès fréquents et de grande intensité, entraine l'exemption et la réforme.

L'alcoolisme chronique justifie les mêmes conclusions.

57. Epilepsie.

L'épilepsie est fréquemment simulée ; ce n'est qu'à l'aide d'une connaissance très exacte des signes qui la caractérisent qu'on parvient à reconnaitre la fraude.

La constatation exige une observation minutieuse qui doit faire l'objet d'un rapport spécial. Elle doit être dûment attestée au conseil de revision ou étudiée après l'incorporation.

Les simulateurs habiles parviennent à reproduire plus ou moins bien plusieurs des symptômes de l'épilepsie ; quelques-uns triomphent des épreuves auxquelles on les soumet pour constater l'existence de l'insensibilité, mais ils ne peuvent imiter l'immobilité de la pupille, les mouvements fibrillaires des muscles, les divers changements de coloration de la face, les troubles de la respiration, etc.

Les épileptiques se font parfois des blessures au visage, à la langue et ailleurs, qui laissent des cicatrices qu'on peut utiliser pour le diagnostic. A la suite d'épilepsie ancienne avec accès très répétés, la physionomie prend chez quelques malades une expression particulière de tristesse, de timidité et de stupidité ; l'intelligence s'affaiblit et les dents incisives sont usées en avant.

Le conseil de revision n'a généralement pour baser sa décision que les renseignements fournis par la notoriété publique ; mais les médecins des corps et des hôpitaux doivent constater *de visu* la réalité de l'épilepsie avant de proposer pour la réforme les sujets qui en sont atteints.

58. Catalepsie, somnambulisme, chorée, tétanie.

La catalepsie, le somnambulisme naturel, les mouvements choréiformes et la tétanie partielle nécessitent l'exemption lorsque l'affection est dûment constatée par une enquête. Si la dernière maladie persiste à se reproduire par accès fréquents, elle peut motiver la réforme.

59. Nostalgie.

La nostalgie n'est pas une maladie proprement dite, mais une cause prochaine de maladie qui n'existe que chez l'homme sous les drapeaux. Un congé temporaire suffit le plus souvent pour ramener le courage du jeune soldat ; dans les cas où la nostalgie persiste, amène une altération profonde de l'organisme et menace la vie, elle nécessite la réforme.

60. Aphasie.

L'aphasie est symptomatique de certaines lésions organiques ou traumatiques du cerveau ; quelquefois congénitale, elle dépend de l'imperfection de l'organe de l'ouïe, comme chez l'idiot et le sourd-muet. Cette affection comporte l'exemption et même la réforme lorsqu'elle est persistante.

61. Ataxie locomotrice.

L'ataxie locomotrice entraine l'impossibilité de servir.

62. Atrophie musculaire progressive.

L'atrophie musculaire progressive, localisée en un groupe de muscles, a plus ou moins de tendance à se généraliser et entraine l'inaptitude au service.

63. Sclérose musculaire.

La sclérose musculaire progressive ou la paralysie pseudo-hypertrophique et les paralysies infantiles sont incompatibles avec le service militaire.

Organes de l'audition.

L'examen des organes de l'audition comprend :

1° L'examen du pavillon, du méat et du conduit auditif externe ;

2° La constatation de l'état de l'ouïe, ce qui se fait en adressant au sujet examiné quelques questions à voix basse, afin de ne pas méconnaitre une surdité qui ne serait accompagnée d'aucune lésion extérieure, ou une surdité dissimulée.

Cet examen doit être complété, s'il y a lieu, par l'application des moyens d'exploration propres à révéler l'état des parties profondes de l'appareil auditif. Les instruments d'otoscopie peuvent être employés séance tenante ; ils permettent, dans un grand nombre de cas, de donner immédiatement une appréciation motivée. Quant aux autres procédés d'exploration : cathétérisme de la trompe d'Eustache, auscultation de la caisse du tympan, etc., ils sont d'une exécution trop délicate et trop incertaine dans une seule application pour être d'une grande utilité devant les conseils de revision ; ils doivent être réservés pour l'examen des hommes admis dans les hôpitaux.

64. Perte du pavillon, atrophie, hypertrophie, tumeurs.

La perte du pavillon de l'oreille entraine généralement l'imperfection de l'ouïe. Alors même qu'elle ne produit pas ce résultat, elle constitue une difformité qui doit être considérée comme un motif de classement dans le service auxiliaire.

L'atrophie ou l'hypertrophie prononcée du pavillon de l'oreille, son envahissement par des tumeurs volumineuses ou de mauvaise nature, par des ulcères chroniques, son adhérence plus ou moins étendue aux parois du crâne, ses déformations ou malformations

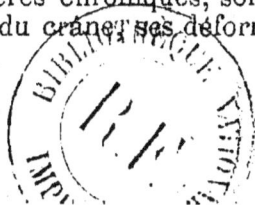

sont des cas d'exemption ou de classement dans le service auxiliaire, soit en raison de la diminution de l'ouïe qui en résulte, soit de l'obstacle qu'ils opposent à la coiffure, soit des dangers d'aggravation qu'ils présentent. Les mêmes motifs doivent faire demander la réforme lorsque les affections sont de nature à résister aux opérations chirurgicales qui pourraient être indiquées.

65. Atrésie du conduit auditif.

L'atrésie, l'oblitération complète et la déviation du conduit auditif, avec gêne notable de l'audition, sont susceptibles de motiver l'exemption et, dans certains cas, la réforme.

66. Polypes.

Les polypes rencontrés dans le conduit auditif sont toujours un motif d'exemption ; nés souvent des parties profondes de l'oreille et perforant la membrane du tympan, ils peuvent être un motif de réforme.

67. Corps étrangers.

Les corps étrangers introduits dans le conduit auditif, soit fortuitement, soit dans un but de simulation, et les concrétions cérumineuses, diminuent plus ou moins l'audition. Ils ne motiveraient l'exemption qu'autant que l'ablation paraîtrait difficile, ou qu'ils auraient déterminé de graves désordres.

La simulation des maladies de l'oreille par l'introduction dans le conduit auditif de substances et de corps divers est facilement reconnue au moyen de l'exploration otoscopique. Ces manœuvres frauduleuses peuvent déterminer une maladie réelle qui, selon qu'elle est légère et curable, n'empêche pas le sujet de servir, ou, selon qu'elle est grave et incurable, entraîne l'exemption ou la réforme.

68. Affections aiguës, chroniques, de l'oreille externe et de l'oreille moyenne.

Les affections aiguës de l'oreille peuvent motiver le délai d'examen jusqu'à la fin de la tournée du conseil, en raison de leurs terminaisons variables.

Les maladies chroniques avec ou sans écoulement puriforme ou purulent, sont des motifs d'exemption et peuvent nécessiter la réforme ; telles sont : l'otite externe, suivie de l'inflammation de la membrane du tympan ; l'otite moyenne, qu'elle soit catarrhale, sèche ou purulente, avec ou sans perforation de la membrane du tympan.

Dans ces cas, l'application de l'otoscope révèle l'existence de lésions organiques dans la membrane du tympan et de la caisse.

La perforation du tympan, sans complication d'otorrhée, est compatible avec le service auxiliaire.

L'inspection des fosses nasales, de la bouche et du pharynx, par la vue seule, suffit ordinairement pour reconnaître les maladies connexes de l'otite moyenne, catarrhale ou purulente, savoir : le coryza chronique, l'hypertrophie des amygdales, la pharyngite granuleuse, muco-purulente, diathésique, etc.; la paralysie diphthérique du voile du palais, les tumeurs diverses comprimant, déplaçant ou obstruant le pavillon de la trompe d'Eustache.

On s'assure de la perméabilité de la trompe en faisant faire au sujet des efforts d'expiration, la bouche et les narines étant fermées, pour chasser l'air dans la caisse. Ce procédé, seul applicable séance tenante devant les conseils de revision, n'est susceptible de donner un résultat positif qu'autant que la membrane du tympan est perforée et que l'air insufflé s'échappe par le conduit auditif, en produisant un bruit appréciable.

69. Inflammation des cellules mastoïdiennes.

L'inflammation aiguë ou chronique des cellules mastoïdiennes, primitive ou consécutive, qu'il ne faut pas confondre avec le phlegmon superficiel, est grave et nécessite l'exemption et la réforme.

70. Affections de l'oreille interne.

Les maladies de l'oreille interne, échappant à l'exploration directe, ne peuvent être reconnues que par les signes subjectifs et les caractères de la surdité à laquelle elles donnent lieu.

Les signes subjectifs sont : le bourdonnement continu, la sensation de bruits réguliers ou musicaux, une céphalée temporo-occipitale fixe, des étourdissements fréquents, le vertige, quelquefois des vomissements, l'hébétude, la somnolence, la titubation ; enfin, l'impulsion au mouvement de rotation latérale.

71. Surdité.

La surdité dépend de l'altération des organes nerveux ou de l'appareil acoustique. La surdité nerveuse se distingue de la surdité provenant de l'altération de la caisse par deux caractères : 1° elle est plus souvent complète et totale; et, lorsqu'elle est incomplète, elle est surtout partielle, c'est-à-dire qu'elle ne consiste pas dans la diminution de l'acuité auditive générale, mais dans l'abolition de la perception de certains sons, alors que les autres sons peuvent être entendus; 2° l'oreille perd incomplètement ou complètement la faculté de recevoir les vibrations sonores transmises par les os du crâne. C'est le contraire de ce qui se passe dans les maladies de l'oreille externe et de l'oreille moyenne, qui laissent le nerf auditif indemne, tout en occasionnant une diminution ou une suppression de l'ouïe.

La constatation du degré de sensibilité de l'oreille à la transmission des vibrations par les parois du crâne se fait au moyen d'une montre placée sur le sommet de la tête, sur la région temporo-mastoïdienne ou entre les dents et, mieux encore, à l'aide d'un diapason en vibration appliqué sur les mêmes points que la montre.

A l'état normal, les vibrations du diapason arrivent distinctement avec une égale intensité dans l'une et l'autre oreille libres ou fermées. Quand une seule oreille est fermée, elle ressent plus vivement que l'autre les vibrations de l'instrument.

A l'état pathologique, l'épreuve appliquée aux maladies de l'oreille externe et de l'oreille moyenne donne des résultats identiques. L'oreille affectée ou l'oreille la plus malade ressent plus vivement que l'autre l'impression du diapason. Mais quand l'oreille interne et l'appareil nerveux sont altérés, les vibrations ne sont plus ressenties ou sont affaiblies, et si l'une des oreilles est encore saine ou légèrement atteinte, elle seule perçoit les vibrations, que le conduit auditif soit libre ou fermé.

Les moyens propres à constater l'état de la fonction auditive consistent : 1° à chercher la portée du champ de l'audition pour le langage, en mesurant la distance à laquelle cesse d'être entendue la parole énoncée à voix basse, à voix ordinaire ou à voix haute ; 2° à déterminer le degré d'acuité de l'ouïe pour les bruits faibles et réguliers, en mesurant la distance à laquelle le mouvement d'une montre à cylindre commence à être entendu.

En principe, l'affaiblissement de l'ouïe porté à un degré qui permet d'entendre la voix à une petite distance est compatible avec le service auxiliaire.

La simulation de la surdité sans maladie apparente de l'oreille est facile ; la simulation de la surdité complète est plus rare que l'exagération de la dureté de l'ouïe, dont le point de départ peut être plus ou moins appréciable. Le véritable sourd, dont l'intelligence n'est pas amoindrie, offre ordinairement dans les traits, dans l'expression du visage et des yeux, une sorte d'attention interrogatrice et cherche à saisir, par le mouvement des lèvres de l'interlocuteur, le sens des paroles qui lui sont adressées. Le faux sourd, au contraire, se détourne, baisse les yeux, évite les regards de l'explorateur, prend un air hébété, feint de ne pas comprendre qu'on s'adresse à lui, et prétend le plus souvent n'entendre absolument rien, si haut et de si près qu'on lui parle.

Aux renseignements sur l'état social et la profession du sujet, on joindra, pour déjouer la fraude, les moyens de surprise que peuvent suggérer l'expérience et l'habileté.

En résumé, les sourds ou ceux qui se prétendent tels peuvent être classés en trois catégories : 1° ceux qui sont atteints d'une maladie de l'oreille curable, qui n'est pas de nature à occasionner une gêne de l'audition telle que celle qu'ils accusent. Ils devront être déclarés propres au service ; 2° ceux qui sont atteints d'une maladie de l'oreille susceptible d'entraver l'audition à un point qu'il est difficile et quelquefois impossible d'apprécier séance tenante. Ils doivent être renvoyés à un nouvel examen après la séance du conseil de revision ou à la fin de sa tournée et avant la clôture de ses opérations; 3° ceux chez lesquels l'examen ne révèle aucune lésion. Dans cette troisième catégorie, les uns prétendent n'entendre que la voix haute et avouent cependant percevoir les vibrations du diapason comme à l'état normal; les autres, contrairement aux conditions physiologiques de l'expérience, disent ne recevoir les vibrations que dans l'oreille laissée ouverte lorsqu'on ferme alternativement l'une et l'autre oreille; d'autres enfin prétendent ne pas ressentir les vibrations du diapason, tandis qu'ils répondent aux questions qui leur sont faites à haute voix. Les hommes rentrant dans la 3e catégorie sont suspects de simulation et doivent être gardés en observation.

Tout doute doit être levé pour ceux qui n'entendent absolument rien, ni les bruits extérieurs, ni la voix, ni les vibrations du diapason, lorsqu'ils produisent un certificat de notoriété et d'enquête attestant la réalité de leur état. La surdité reconnue motive l'exemption et la réforme.

72. Surdi-mutité.

La surdi-mutité de notoriété publique confère nécessairement l'exemption.

Face.

73. Aspect général.

La laideur extrême, résultant, soit d'une vicieuse conformation des traits ou d'un défaut de proportion entre eux, soit de l'atrophie d'une partie de la face, soit, enfin, d'un manque de symétrie entre les deux côtés du visage, peut motiver le classement dans le service auxiliaire, ou même l'exemption.

74. Difformités du front.

La protubérance, la difformité, les exostoses du front ne permettant pas l'usage des coiffures militaires exigent l'exemption.

75. Mutilations.

Les mutilations de la face consécutives à des fractures ou à des opérations chirurgicales, suivant leur étendue, la gêne qu'elles apportent aux fonctions et l'aspect qu'elles donnent à la physionomie peuvent entraîner le classement dans le service auxiliaire, l'exemption et la réforme.

76. Tumeurs diverses.

Les kystes de diverses natures, les tumeurs érectiles, les exostoses, quand ces affections sont considérables, entraînent l'exemption. Mais elles ne motivent la réforme qu'autant qu'elles ne sont pas susceptibles de guérison par des procédés thérapeutiques appropriés.

77. Ulcères.

Les ulcères siégeant à la face entraînent l'exemption s'ils sont d'une nature grave; ils n'exigent la réforme qu'après avoir résisté à un traitement convenable.

78. Fistules.

Les fistules autres que les fistules dentaires nécessitent toujours l'exemption.

79. Névralgies.

La prosopalgie faciale, ou tic douloureux de la face, doit entraîner l'exemption; elle motivera la réforme après un traitement infructueux.

80. Paralysies.

Les paralysies partielles et récentes de la face, pouvant tenir à des causes essentiellement passagères, ne motivent pas l'exemption.

L'hémiplégie faciale ancienne ou symptomatique d'une affection cérébrale entraîne l'exemption et la réforme.

81. Maladies des sinus de la face.

Les maladies graves des sinus frontaux et des sinus maxillaires ayant amené leur déformation, leur oblitération ou leur perforation, à la suite de plaies, de fistules, d'ulcères, de fractures avec enfoncement, de corps étrangers, de polypes, de phlogose et de suppurations chroniques, d'exostoses, de carie, de nécrose avec ulcération fistuleuse, entraînent l'exemption et la réforme.

82. Difformités des os maxillaires.

Les difformités des os maxillaires sont incompatibles avec le service militaire.

83. Mutilations, lésions pathologiques.

Les fractures non ou mal consolidées, les pertes de substance des os maxillaires, suites de coups de feu ou d'une opération chirurgicale, sont incompatibles avec le service militaire.

Les ostéites, les exostoses, les caries, les nécroses, particulièrement la nécrose phosphorée, les kystes osseux, doivent presque toujours entraîner l'exemption et la réforme.

84. Lésions diverses.

Les lésions graves de l'articulation temporo-maxillaire rendent inapte au service; telles sont la luxation mal réduite, la luxation survenant avec une grande facilité et même volontaire, état qui s'observe chez quelques sujets; la constriction ou le resserrement des mâchoires, qui peut être congénitale, accidentelle ou symptomatique; l'ankylose, d'ailleurs très rare, motivent l'exemption.

Pour s'assurer de la réalité de cet état, il faut plonger le doigt indicateur dans chacune des dépressions limitées par l'apophyse mastoïde et la branche montante du maxillaire inférieur, et comprimer fortement les branches du nerf facial à leur point d'émergence; la douleur met fin rapidement à la constriction quand elle est simulée.

Organes de la vision.

85. Diminution de l'acuité visuelle.

1° L'aptitude au service actif exige une acuité visuelle binoculaire supérieure ou tout au moins égale à 1/2, sans correction par des verres, excepté pour la myopie. D'autre part, l'acuité visuelle monoculaire ne doit descendre ni pour l'œil droit ni pour l'œil gauche au-dessous de 1/10.

2° Seront versés dans le service auxiliaire les jeunes gens qui ont une acuité visuelle entre 1/2 et 1/4 de l'un des yeux, à condition que l'acuité visuelle de l'autre œil ne soit pas inférieure à 1/10. Ici encore, la correction par les verres ne sera faite qu'en cas de myopie.

Une acuité visuelle inférieure aux limites indiquées ci-dessus, confère l'exemption et entraîne la réforme.

L'acuité visuelle se mesure au moyen de l'échelle typographique placée à 5 mètres.

86. Myopie.

La myopie entraîne l'exemption du service actif et la réforme

1° Quand elle est supérieure à 6 dioptries;

2° Quand la myopie étant égale ou inférieure à 6 dioptries, l'acuité visuelle n'est pas ramenée par des verres concaves aux limites indiquées au premier paragraphe de l'article 85; dans ce cas, si l'acuité visuelle est ramenée par des verres concaves aux limites indiquées au deuxième paragraphe de l'article 85, la myopie est compatible avec le service auxiliaire.

La myopie supérieure à 6 dioptries est compatible avec le service auxiliaire, à condition que l'acuité visuelle soit ramenée par des verres concaves aux limites stipulées au deuxième paragraphe de l'article 85 et qu'il n'y ait pas de lésions choroïdiennes étendues.

87. Hypermétropie et astigmatisme.

L'hypermétropie et l'astigmatisme entraînent l'exemption du service actif et la réforme lorsqu'ils déterminent un abaissement de l'acuité visuelle au-dessous des limites fixées dans le premier paragraphe de l'article 85.

Sont versés dans le service auxiliaire les jeunes gens atteints d'hypermétropie et d'astigmatisme déterminant l'abaissement de l'acuité visuelle, défini dans le paragraphe 2 de l'article 85.

88. Amblyopie.

Il existe un certain nombre de cas dans lesquels la diminution de l'acuité visuelle ne répond à aucune altération appréciable de l'œil. Si la pupille est moyennement dilatée, peu sensible aux projections lumineuses directes, et au contraire sensible aux excitations de la rétine de l'autre œil ; s'il y a une déviation en dehors de l'œil affaibli, si l'examen fait constater un léger degré d'hypermétropie, les allégations du sujet peuvent être regardées comme vraisemblables.

La simulation de l'amblyopie unilatérale est fréquente ; les procédés qui permettent de la déjouer sont de deux ordres. Les premiers font constater l'exagération et la mauvaise foi du sujet, mais sans préciser le degré d'acuité visuelle que possède en réalité l'œil prétendu affaibli ; les seconds, au contraire, permettent de déterminer exactement l'état de la vision de l'œil dit amblyope et de prendre immédiatement une décision formelle.

Aux procédés de la première catégorie appartiennent :

1° La production de la diplopie par interposition d'un prisme devant l'œil sain ;

2° Le procédé de Grœfe ;

3° Le procédé de Flees et ses dérivés.

A la deuxième catégorie appartiennent :

1° Le procédé de Chauvel, dont la boîte est garnie de verres translucides, portant les caractères du n° 1 au n° 10 de l'échelle typographique de Perrin, à l'aide desquels on peut obtenir la mesure de l'acuité visuelle de l'œil prétendu affaibli en même temps que la preuve de simulation. Deux diaphragmes dont cet appareil est muni permettent, en outre, de donner à volonté des images directes et des images croisées ;

2° Le procédé de Javal-Cuinet, qui consiste à interposer, sur le trajet des rayons lumineux allant des yeux à l'objet mis en vue, un corps opaque, tel que crayon, porte-plume, règle, doigt, de façon à cacher une partie de l'objet. Si l'on veut obtenir exactement le degré de l'acuité visuelle, il faut encore substituer à l'objet des points ou des caractères typographiques de grandeur déterminée, en rapport avec la distance d'observation ;

3° Le procédé de Stilling, dans lequel on place le sujet à la distance de 5 mètres devant un carton portant une échelle typographique de couleur rouge ou verte sur fond noir ; on fait alors lire, les deux yeux largement ouverts, de façon à déterminer l'acuité. On interpose ensuite devant l'œil sain une lame de verre d'une couleur complémentaire de celle du tableau typographique et on fait lire de nouveau, les deux yeux bien ouverts, comme précédemment ; la vision de l'œil sain se trouvant ainsi annihilée, celle de l'œil prétendu affaibli subsiste seule et l'épreuve donne immédiatement la mesure de son acuité visuelle ;

4° Le procédé de Michaud, lequel repose encore sur ce principe que des traits au crayon rouge sur papier blanc cessent d'être visibles à travers une lame de verre rouge. Un mot étant tracé en noir avec des caractères typographiques d'un numéro déterminé, on transforme ces lettres au crayon rouge en leur ajoutant certains jambages de manière à faire, par exemple une F d'un I, un E d'une L ou un O d'un C et à obtenir un mot d'une signification différente ; si l'on place le verre rouge devant l'œil sain, les traits noirs resteront visibles, mais les traits rouges ne seront plus visibles que pour l'œil supposé affaibli, et si l'on invite le sujet à lire rapidement les deux yeux largement ouverts, on aura facilement la preuve de la simulation et en même temps une mesure de l'acuité visuelle ;

5° Une épreuve consistant à faire lire par l'examiné des échelles typographiques ordinaires, après avoir placé un verre de vitre devant l'œil prétendu affaibli et un verre convexe de quatre dioptries devant l'œil sain ; ce dernier est de la sorte annulé pour la vision à distance et il devient facile de prendre la mesure de l'acuité de l'autre œil, tout en faisant la preuve de la simulation.

89. Affections des paupières.

Entraînent l'exemption :

La destruction,
La division étendue,
Les cicatrices vicieuses,
L'ankyloblépharon et le symblépharon étendus et gênants,
L'entropion et l'ectropion prononcés,
Les tumeurs volumineuses ou de mauvaise nature,
La blépharite ciliaire ancienne et déformante,
Le trichiasis avec pannus de la cornée,
Le ptosis congénital ou paralytique,
Le blépharospasme invétéré.

La réforme ne sera prononcée pour ces affections que si elles ont résisté à un traitement rationnel.

La blépharite peut être provoquée par des cautérisations répétées ; l'acuité des phénomènes, la limitation des lésions, leur aspect spécial attireront l'attention. Plus simple encore est le diagnostic du blépharospasme provoqué par l'introduction d'un corps étranger sous les paupières, par une éraflure de la cornée. Si le blépharospasme accompagne un tic prononcé de la face, il y a lieu de recourir à une enquête sur l'état antérieur du sujet.

90. Affections des voies lacrymales.

Rendent impropre au service :

Les tumeurs de la glande lacrymale,
L'épiphora chronique et prononcé,
La dacryocystite chronique et suppurée,
La fistule lacrymale.

L'incurabilité dans les mêmes affections entraine seule la réforme.

91. Affections de la conjonctive.

Les conjonctivites chroniques, en particulier la conjonctivite granuleuse ;
Le ptérygion atteignant le centre de la cornée ;
Les tumeurs volumineuses ou malignes de la conjonctive et de la caroncule lacrymale entrainent l'exemption, et peuvent, si elles sont rebelles au traitement, nécessiter la réforme.

92. Affections de la cornée.

Les kératites anciennes, spécialement les kératites vasculaires, panniformes étendues ;
Les ulcérations profondes des cornées ;
Les staphylômes transparent et opaque ;
Les taics ou opacités invétérées sont compatibles avec le service actif ou avec le service auxiliaire, suivant le degré de l'acuité visuelle spécifié dans l'article 85. Au-dessous de ces limites, elles nécessitent l'exemption et la réforme, si elles sont incurables.

93. Affections de la sclérotique et de l'iris.

Entrainent l'exemption :

Le staphylôme antérieur de la sclérotique,
La sclérite et l'épisclérite anciennes,
Les vices de conformation de l'iris qui diminuent l'acuité visuelle au-dessous des limites fixées,
Les synéchies antérieures ou postérieures avec atrésie ou occlusion de la pupille,
La mydriase paralytique,
L'iritis chronique,
Les tumeurs de l'iris de nature maligne ou envahissante.
La réforme ne sera prononcée qu'en cas d'incurabilité.

La mydriase peut être aisément provoquée, et la paralysie artificielle ne se distingue pas facilement d'une paralysie morbide. Le degré de dilatation plus considérable de la pupille, son insensibilité absolue à la lumière, ne constituent pas des signes suffisants pour admettre une simulation. En l'absence de données étiologiques acceptables, il y a lieu de prononcer l'admission dans l'armée, un examen sérieux et prolongé dans un hôpital étant nécessaire pour déjouer la supercherie.

94. Affections du cristallin.

Les déplacements, l'opacité du cristallin et de sa capsule, l'absence de la lentille, si elles réduisent l'acuité au-dessous des limites fixées, entraînent l'exemption et la réforme.

95. Affections du corps vitré.

Les opacités du corps vitré sont dans le même cas.

96. Affection de la choroïde.

Le coloboma étendu,
L'absence de pigment (albinisme),
Les tumeurs de la choroïde à marche progressive,
Les choroïdites,
Le glaucome, entraînent l'exemption et nécessitent la réforme après un traitement infructueux.

97. Affections de la rétine et du nerf optique.

Les diverses variétés de la rétinite,
Le décollement de la rétine,
La neurorétinite et la névrite optique,
L'atrophie des nerfs optiques, quel qu'en soit le degré, nécessite l'exemption et la réforme quand elle est reconnue incurable.

98. Affections du globe oculaire.

Entraînent l'exemption et la réforme :

La perte ou la désorganisation de l'œil ou des deux yeux,
Les tumeurs intra-oculaires,
L'exophtalmie.

99. Affections des muscles de l'œil.

Le strabisme fonctionnel est compatible avec le service actif ou le service auxiliaire suivant le degré de diminution de l'acuité visuelle, ainsi qu'il a été dit à l'article 85 ; il entraîne l'exemption et la réforme si l'abaissement de l'acuité visuelle dépasse les limites fixées.

La paralysie de l'un ou de plusieurs muscles de l'œil nécessite l'exemption. La réforme ne sera prononcée qu'après l'échec d'un traitement rationnel.

Le nystagmus entraine les mêmes conclusions dans les mêmes conditions.

100. Affections de l'orbite.

Les tumeurs progressives ou malignes de la cavité orbitaire, les ostéites chroniques, avec déformations prononcées, adhérences étendues et gênantes, nécessitent l'exemption et la réforme si elles sont incurables.

Nez.

101. Difformité.

La difformité du nez portée au point de gêner manifestement la respiration et la parole, ou seulement l'une de ces fonctions, est un cas d'exemption et de réforme : la racine trop enfoncée, les ailes trop rapprochées, et comme pressées contre la cloison, ou au contraire un volume excessif, sont les conditions de cette difformité.

102. Polypes.

Les polypes des cavités nasales doivent faire exempter ; ils ne doivent faire l'objet d'une demande de réforme qu'autant qu'ils ont résisté aux moyens de traitement appropriés.

Les polypes ont été simulés avec des testicules de poulets ou des reins de jeunes lapins. La conformation normale du nez, le bon état de la membrane interne des fosses nasales, l'insensibilité des tumeurs, mettraient sur la voie de la ruse, qu'il serait facile de constater par l'extraction du corps étranger, ou par son expulsion provoquée à l'aide de l'éternuement.

103. Ozène.

La punaisie ou ozène entraine l'exemption, voire même la réforme, si elle n'est pas curable.

On simule cette puanteur en introduisant dans les cavités nasales des éponges imprégnées de matières putrides, des morceaux de fromage décomposé, etc.

Bouche.

Sont incompatibles avec le service militaire :

104. Bec-de-lièvre.

Le bec-de-lièvre congénital ou accidentel, à moins qu'il ne soit peu étendu et qu'il n'altère pas sensiblement la physionomie.

105. Cicatrices.

Les difformités résultant de cicatrices vicieuses ou d'adhérences, qui rétrécissent d'une manière notable l'orifice buccal ou gênent les mouvements des lèvres.

106. Hypertrophie.

L'hypertrophie de la lèvre supérieure, par suite d'engorgement chronique du tissu cellulaire et des glandes, qui s'observe chez les sujets scrofuleux, lorsqu'elle constitue une difformité notable et une gêne pour la prononciation. Elle se distingue facilement de la tuméfaction qui provient d'une inflammation passagère, pour laquelle il n'y a pas lieu de prononcer l'exemption, et de l'inflammation qui est quelquefois provoquée; elle diffère également du développement trop considérable de la muqueuse, qui forme un bourrelet volumineux et repousse la lèvre en dehors, difformité rarement assez grande pour exiger l'exemption.

107. Tumeurs.

Les tumeurs érectiles et les tumeurs épithéliales, fréquentes dans cette région.

De ces diverses lésions ou difformités, celles qui peuvent être modifiées ou guéries par une opération ou par un traitement approprié ne donnent lieu à la réforme qu'après tentatives de guérison.

108. Paralysie de l'orbiculaire.

La paralysie de l'orbiculaire des lèvres est presque toujours concomitante de la paralysie faciale et concourt à la déformation de la face, en même temps qu'elle apporte de la gêne dans la prononciation et dans la préhension des aliments. Elle doit donc être prise en considération pour l'exemption de service, si elle est ancienne et ne paraît pas susceptible de guérison.

Il est une autre paralysie labiale qui se lie à la paralysie musculaire progressive de la langue et du voile du palais; cette affection, beaucoup plus grave, à terminaison funeste, entraîne l'exemption et la réforme.

109. Stomatites.

La stomatite ulcéreuse, la stomatite gangréneuse et la stomatite chronique avec décollement, gonflement et état fongueux des gencives, motivent l'exemption, lorsqu'elles résultent d'un état scorbutique ou d'une altération profonde de l'organisme, ou si, les dents étant déchaussées et les gencives atrophiées ou détruites par l'ulcération, la guérison doit être longue à obtenir. Dans ces conditions, la réforme devient quelquefois nécessaire.

Les simulateurs produisent assez aisément le gonflement et l'ulcération des gencives et de la muqueuse buccale ; mais ils imitent plus difficilement l'état fongueux, qui se distingue à une grande mollesse des tissus, à leur teinte bleuâtre ou violacée et à leur tendance à saigner au moindre attouchement. Les ulcérations consécutives à l'usage des mercuriaux ne sont pas des causes d'exemption et se reconnaissent à la salivation abondante, à l'odeur et à l'acuité des symptômes qui les accompagnent.

110. Epulis.

L'épulis motive l'exemption, si elle envahit de grandes surfaces; susceptible de guérison à l'aide de moyens chirurgicaux, elle exige rarement la réforme.

111. Dents mauvaises.

Une bonne denture est la première condition d'une bonne alimentation ; par contre, un mauvais état des dents est incompatible avec le service actif. L'exemption peut être prononcée toutes les fois que la mastication est difficile et incomplète, par suite de la perte ou de l'altération d'un grand nombre de dents, surtout si ce mauvais état des dents s'accompagne de ramollissement, d'ulcération et d'état fongueux des gencives, ou si la constitution du sujet est faible et détériorée. La réforme sera prononcée dans les mêmes conditions.

On classera dans le service auxiliaire les sujets qui, malgré la perte d'un grand nombre de dents, ont les gencives en bon état, et dont la nutrition est satisfaisante.

L'absence de dents peut être le résultat d'une manœuvre coupable ; on ne peut cependant l'affirmer, lors même que les dents restantes sont saines et que la constitution est bonne. Toutefois, il est permis, en pareil cas, de se montrer plus rigoureux pour prononcer l'exemption.

112. Dents surnuméraires.

Les dents surnuméraires ou déviées ne peuvent pas entraîner l'exemption.

113. Fistules dentaires.

Les fistules dentaires qui s'ouvrent à la face sont généralement guéries par l'avulsion de la dent malade et ne constituent pas une cause d'inaptitude au service militaire.

114. Fétidité de l'haleine.

La fétidité de l'haleine, qu'elle dépende du mauvais état des dents ou d'une autre cause, doit déterminer l'exemption, lorsqu'elle est tellement prononcée qu'elle peut être insupportable pour les autres personnes. Il faut auparavant s'assurer si elle ne tient pas à la malpropreté de la bouche ou à une supercherie.

Langue.

115. Difformités de la langue.

Les difformités de la langue : sa perte partielle, son atrophie, sa division congénitale ou accidentelle, ses adhérences anormales, lorsqu'elles sont assez étendues pour gêner la phonation et la déglutition, sont autant de causes d'exemption. Elles motivent également la réforme lorsqu'elles sont au-dessus des ressources de la chirurgie.

Le gonflement de la langue, suite d'inflammation, est généralement passager. L'exemption ne s'applique qu'à son hypertrophie qui, ordinairement, se complique de la procidence de cet organe.

Des engorgements partiels peuvent être entretenus par le frottement de dents cariées, qu'il suffit d'enlever pour obtenir la guérison.

La paralysie de la langue, qui a pour effet d'entraver la mastication, la déglutition et la parole, nécessite l'exemption.

116. Tumeurs.

Les tumeurs cancéreuses et les ulcères de mauvaise nature sont des motifs d'exemption et de réforme.

117. Bégaiement.

Le bégaiement est compatible avec le service actif et n'entraîne l'exemption que quand il est assez prononcé pour empêcher de crier qui vive ou de transmettre intelligiblement une consigne. Dans le cas contraire, il est classé dans le service auxiliaire.

Cette infirmité, souvent simulée ou exagérée, doit toujours être confirmée par une enquête publique. L'examen auquel on soumet les sujets qui s'en disent atteints ne conduit généralement qu'à des probabilités et ne permet pas d'affirmer que le bégaiement soit vrai ou simulé.

Dans le bégaiement, l'hésitation porte principalement sur les consonnes K, T, G, L ; mais cette particularité n'est pas constante et peut être imitée avec de l'exercice. Il en est de même de l'agitation convulsive des muscles vocaux qui se propage à la face, mais le simulateur l'exagère, tandis que le véritable bègue s'efforce, au contraire, de la maîtriser. Pour découvrir la fraude, il faut observer l'individu pendant plusieurs jours, le faire surveiller à son insu par des personnes qui le font parler. On le soumet à différentes épreuves, à la lecture ou à la récitation d'après une des méthodes employées pour la guérison du bégaiement, on le fait chanter et on juge s'il est sincère à ses efforts pour corriger le vice de sa prononciation.

118. Mutisme.

Le mutisme, qu'il soit congénital ou acquis, exclut du service militaire.

Cette infirmité, comme la précédente, est souvent invoquée par des simulateurs. On examinera si elle n'est pas la conséquence d'une lésion de la langue (paralysie, atrophie, hypertrophie, adhérences), d'une chute ancienne ou d'un coup reçu jadis sur la tête, d'une affection cérébrale. C'est à tort qu'on nierait la mutité parce que la langue aurait conservé toute sa mobilité. Il convient encore ici de faire appel à l'enquête.

Glandes salivaires.

119. Grenouillette.

La grenouillette, lorsqu'elle a acquis un développement considérable, rend impropre au service.

120. Tumeurs des glandes salivaires.

Les engorgements chroniques des glandes salivaires (parotides, sous-maxillaires et sublinguales) augmentées notablement de volume, leur envahissement par le cancer, rendent impropre au service militaire.

121. Fistules salivaires.

Les fistules salivaires qui ont leur siège à la face motivent l'exemption, mais non la réforme, à moins d'incurabilité.

122. Hypertrophie des amygdales.

L'hypertrophie des amygdales n'est une cause d'exemption que dans le cas où elle est assez considérable pour déterminer une gêne grave et permanente de la respiration et de la déglutition. Elle n'entraine pas la réforme, l'excision des amygdales étant une opération généralement simple.

Palais.

123. Vices de conformation.

Les vices de conformation de la voûte palatine et du voile du palais : divisions et pertes de substance, qui altèrent la voix et nuisent à la déglutition, motivent l'exemption et la réforme. Ils peuvent être dissimulés par des pièces prothétiques, dont la présence est facile à reconnaitre.

124. Adhérences pharyngiennes.

Les adhérences pharyngiennes du voile du palais, offrant les mêmes inconvénients, donnent lieu aux mêmes décisions.

125. Paralysie du voile du palais.

La paralysie du voile du palais, qui suit la diphthérie, guérit en général promptement et n'est pas un obstacle au service militaire ; mais si elle dépend d'une autre cause et qu'elle nuise à la phonation et à la déglutition, elle entraine l'exemption.

126. Tumeurs.

Les tumeurs de la voûte palatine et du voile du palais, quelle que soit leur nature, déterminent l'exemption, et même la réforme quand elles ne peuvent disparaitre sans opération sérieuse.

127. Hypertrophie de la luette.

L'hypertrophie simple de la luette n'est pas une cause d'exemption. Il n'en est pas de même des tumeurs et ulcérations de nature cancéreuse ou diathésique.

Cou.

128. Vices de conformation.

Les vices de conformation du cou de nature à gêner notablement ses fonctions et les organes importants qu'il renferme, les lésions ou difformités de cette région sont incompatibles avec le service actif.

Le développement exagéré du cou, par rapport à celui du thorax et de la tête, est, sauf des cas exceptionnels, compatible avec le service actif.

129. Plaies.

Les traumatismes de cette région, suivant leur gravité et les infirmités qui peuvent en être la conséquence, motivent aussi l'exemption.

130. Abcès, cicatrices.

Les engorgements, les abcès ganglionnaires, les ulcérations et les cicatrices difformes qui sont des manifestations de la scrofule et de la tuberculose motivent l'exemption, lorsque l'étendue et la fragilité des cicatrices sont considérables.

131. Adénites.

Les adénites cervicales chroniques entraînent également l'exemption si les tumeurs sont multiples ou volumineuses. Il n'en est pas de même de l'adénite aiguë et des adénopathies de nature syphilitique, dont la guérison est moins difficile. La réforme ne doit être prononcée que si ces affections sont rebelles aux agents thérapeutiques.

132. Tumeurs de la parotide.

Les engorgements chroniques de la glande parotide, les enchondromes et autres tumeurs dont la région parotidienne peut être le siège, rendent impropre au service et nécessitent la réforme lorsqu'ils sont incurables.

133. Goître, kystes du corps thyroïde.

Les tumeurs désignées sous le nom générique de goître : l'hypertrophie, les kystes de la glande thyroïde, le développement même peu considérable du lobe médian, quand il atteint la fourchette sternale et se prolonge au-dessous d'elle, déterminent l'inaptitude à la profession des armes. Cependant, dans les pays où le goître est endémique, cette affection, lorsqu'elle est récente, peu développée, sans induration, sans complication de kystes, étant susceptible de guérison par le fait seul du changement de climat et d'habitudes qu'amène la vie militaire, ne saurait être une cause suffisante d'exemption, surtout du service auxiliaire. Quant à la réforme, elle ne doit être prononcée que si l'engorgement glandulaire résiste à une médication prolongée.

134. Tumeurs diverses.

Le goître exophtalmique rend impropre à tout service militaire. Les kystes, les lipomes, les anévrismes motivent l'exemption, soit par leur nature, soit par la gêne qu'ils apportent dans les fonctions ; ils déterminent la réforme dans les cas où la chirurgie ne peut intervenir.

135. Torticolis.

Le torticolis provenant de contractions permanentes, de rétractions des muscles du cou, de paralysies musculaires, de cicatrices, d'engorgements ganglionnaires ou de lésions de la colonne vertébrale, rend inapte au service militaire, et entraîne la réforme lorsqu'on juge le mal au-dessus des ressources de l'art.

Le torticolis est quelquefois simulé devant les conseils de revision ;

mais on parvient facilement à déjouer la fraude, en se rappelant les caractères propres à chaque variété de cette affection.

Larynx.

Les maladies du larynx sont souvent difficiles à diagnostiquer, et il est nécessaire que le médecin fasse usage du laryngoscope lorsqu'il doute de la nature, de la gravité ou de l'existence de la maladie, l'aphonie étant fréquemment simulée. L'examen avec le laryngoscope n'est pas sans offrir certaines difficultés : on a à lutter, tantôt contre l'appréhension ou le mauvais vouloir du sujet, tantôt contre l'intolérance du pharynx, etc. Cette opération devra donc être remise à la fin de la séance ou des opérations du conseil de revision. L'examen laryngoscopique ne doit pas dispenser le médecin, lorsqu'un homme se présente avec des altérations de la voix, de rechercher s'il n'y a pas à l'extérieur, dans le voisinage du larynx, des tumeurs, des cicatrices, susceptibles de modifier les conditions physiques de l'organe vocal ou d'intéresser les nerfs laryngés.

136. Plaies, fractures.

Les lésions traumatiques : plaies ou fractures récentes du larynx, sont le plus souvent graves et entraînent l'exemption. Elles justifient la réforme si elles sont suivies d'altération de la voix et de gêne de la respiration.

137. Laryngites.

La laryngite chronique, caractérisée par un épaississement de la muqueuse ou par des ulcérations, ou qui s'accompagne de déformations de l'épiglotte ou des cordes vocales, et la laryngite liée à la tuberculisation, sont incompatibles avec le service militaire.

La laryngite syphilitique et les autres affections laryngées de même nature ne déterminent l'exemption que si les altérations du larynx sont assez graves pour exiger un traitement prolongé, ou si elles doivent porter atteinte à la phonation ; telles sont les ulcérations des cordes vocales, les rétractions cicatricielles qui en sont la conséquence.

Dans tous ces cas, la réforme n'est prononcée que si l'affection est reconnue incurable.

138. Déformation, destruction de l'épiglotte.

La déformation ou la destruction de l'épiglotte par suite d'inflammation chronique, d'ulcérations ou de lésions traumatiques, motivent l'exemption et la réforme, s'il en résulte une gêne dans la déglutition ou la phonation.

139. Rétrécissement, déformation du larynx.

Le rétrécissement et toute déformation du larynx qui entrave les fonctions de cet organe sont, comme les affections précédentes, des causes d'exemption et de réforme.

140. Polypes.

Les polypes du larynx, qui altèrent la voix et donnent lieu souvent à des troubles sérieux de la respiration, sont incompatibles avec la vie militaire.

141. Nécrose.

La nécrose du larynx est une affection grave qui exige presque toujours l'exemption et la réforme.

142. Aphonie.

L'aphonie, suite de lésions traumatiques ou pathologiques du larynx ou de paralysie persistante des nerfs laryngiens, est une cause d'exemption et de réforme lorsqu'elle se montre rebelle aux moyens thérapeutiques.

La simulation de l'aphonie est fréquente, et l'on devra être en garde contre la fraude. C'est alors qu'il est surtout nécessaire d'employer le laryngoscope pour reconnaître s'il existe des lésions matérielles auxquelles l'aphonie puisse être attribuée. L'examen laryngoscopique dispense généralement des autres épreuves que l'on fait subir au sujet examiné, telles que la provocation de l'éternuement et de la toux, qui sont presque toujours insuffisantes.

Dans les cas douteux, une enquête est nécessaire.

Pharynx.

143. Anomalies, rétrécissements du pharynx.

Les anomalies du pharynx, assez rares d'ailleurs, les rétrécissements résultant d'adhérences vicieuses ou de rétractions cicatricielles qui font obstacle au passage des aliments sont des motifs d'exemption et de réforme.

144. Lésions traumatiques.

Les lésions traumatiques, la présence de corps étrangers, ne déterminent l'incapacité de servir que si elles doivent être suivies d'une infirmité capable d'entraver la déglutition. La décision du conseil peut être renvoyée, s'il y a lieu, à la fin de ses opérations.

145. Pharyngites.

Les pharyngites chronique et granuleuse ne prennent rang parmi les causes d'exemption et ne peuvent entraîner la réforme que lorsqu'elles sont graves et incurables.

Les abcès rétro-pharyngiens exigent l'exemption ou la réforme s'ils sont symptomatiques de lésions du rachis ; il importe de les distinguer des abcès idiopathiques, qui peuvent motiver l'ajournement.

146. Ulcères.

Les ulcères de mauvaise nature motivent l'exclusion de l'armée ; les ulcères syphilitiques, pouvant se guérir promptement, ne sont des causes d'exemption que s'ils s'accompagnent de destruction des parties profondes et s'il en doit résulter des difformités. Dans ces cas, la réforme peut aussi être prononcée.

Œsophage.

147. Rétrécissement de l'œsophage.

Le rétrécissement de l'œsophage motive l'exemption et la réforme, qu'il soit consécutif à des lésions traumatiques (plaies, déchirures, brûlures) ou qu'il provienne d'ulcération ou de dégénérescence carcinomateuse de ce conduit. Il en est de même quand la déglutition est gênée par une tumeur qui comprime l'œsophage.

Le plus souvent, à moins que la coarctation ne soit ancienne et ne s'accompagne d'une altération de la nutrition, aucun signe extérieur ne révèle le rétrécissement, et il faut pratiquer le cathétérisme de l'œsophage pour pouvoir affirmer l'existence de la lésion.

148. Dilatation.

La dilatation de l'œsophage est généralement la conséquence de l'affection précédente et, comme elle, nécessite l'exemption et la réforme.

149. Corps étrangers.

Des corps étrangers peuvent s'arrêter dans l'œsophage et produire des accidents graves. En pareille circonstance, l'exemption est indiquée, et quelquefois la réforme devient indispensable.

150. Ulcérations, cancer.

Les ulcérations de toute nature, les dégénérescences carcinomateuses motivent absolument l'exclusion de l'armée.

151. Œsophagisme.

L'œsophagisme, ou spasme de l'œsophage, s'il n'est pas lié à une légion organique de ce canal, et peu grave est ne doit pas entraîner l'exemption ni la réforme.

152. Paralysie de l'œsophage.

La paralysie de l'œsophage et du pharynx est une affection qui, rarement idiopathique, se rattache à des lésions graves et incompatibles avec le service militaire. Les similateurs peuvent essayer de faire croire à l'existence de cette affection en faisant des contorsions et des efforts simulés pour avaler, et en provoquant le retour des liquides par les narines. Mais l'abattement, l'amaigrissement, la débilité générale feront distinguer le malade du simulateur.

Thorax.

153. Difformités.

Les difformités congénitales ou acquises de la poitrine : les fissures, le défaut d'ossification du sternum, l'absence du cartilage d'une ou plusieurs côtes (lésions qui sont assez rares) ;

La proéminence du thorax en forme de carène, s'accompagnant d'une diminution notable de la courbure des côtes ;

Les enfoncements assez considérables de la partie inférieure du sternum ou de l'appendice xiphoïde, avec renversement de cet appendice soit en dedans, soit en dehors ;

Les déviations partielles du sternum ou des côtes et de leur cartilages, par suite de fractures vicieusement consolidées ou de luxations non réduites ;

Le rétrécissement d'un côté de la poitrine, consécutif à un épanchement pleurétique ;

Les difformités dépendant du rachitisme, qui sont fréquentes et affectent ordinairement toute la cage thoracique.

Sont autant de causes qui rendent impropre au service militaire, à moins que le thorax ait une capacité suffisante et que les difformités ne soient pas visibles, l'homme étant habillé.

Les voussures de la poitrine n'ont guère d'importance qu'en raison des affections qui les déterminent et qui entraînent presque toujours la réforme et l'exemption.

Les arrêts de développement, les courbures difformes ou irrégulières de la clavicule, ces dernières provenant de causes organiques ou de fractures anciennes vicieusement consolidées, qui gênent le port du sac ou entravent les mouvements, les pseudarthroses, les luxations complètes non réduites de l'une ou de l'autre extrémité de cet os, motivent l'exemption, mais ne nécessitent pas toujours la réforme.

L'omoplate peut être aussi le siège de difformités qui sont incompatibles avec la profession militaire.

154. Lésions traumatiques.

Les contusions, les compressions brusques de la poitrine n'ont de gravité, en général, que par la lésion des organes internes, qui les complique quelquefois. Il en est de même des plaies qui, lorsqu'elles sont pénétrantes, peuvent, comme les contusions, donner lieu immédiatement à des accidents sérieux et consécutivement à des altérations qui déterminent l'inaptitude au service militaire.

155. Ostéite, carie, nécrose, etc.

L'ostéopériostite suppurée, due le plus souvent à la tuberculose, la carie, la nécrose, l'ostéo-sarcome des côtes, du sternum, de la clavicule, de l'omoplate, entraînent l'exemption et motivent assez souvent la réforme.

156. Maladies de la glande mammaire.

Les inflammations de la glande mammaire, ainsi que son hypertrophie, ne peuvent que très exceptionnellement motiver l'exemption.

Poumon.

157. Lésions traumatiques du poumon.

Les contusions, déchirures, plaies du poumon, constituent en général des lésions graves qui entraînent le plus souvent l'exemption. Toutefois, elles peuvent guérir sans laisser d'infirmités, et dans le doute, le médecin devra attendre la fin des opérations du conseil de revision pour se prononcer.

158. Hernie du poumon.

La hernie du poumon, qu'elle soit congénitale ou de cause traumatique, ou le résultat d'un effort de toux, motive l'exemption et la réforme.

159. Tuberculose pulmonaire.

Le médecin doit apporter dans cet examen la plus grande attention; la tuberculose pulmonaire, qu'il faut surtout se garder d'importer dans l'armée, n'est pas toujours facile à reconnaître à son début, et, fréquemment, les signes fournis par la percussion et l'auscultation peuvent être douteux : mais assez souvent l'habitus externe permet, jusqu'à un certain point, d'affirmer la prédisposition à la tuberculisation.

Non seulement la tuberculose confirmée est une cause d'exemption et de réforme, mais l'exemption doit encore être prononcée toutes les fois qu'il y a imminence de tuberculisation pulmonaire, et la réforme est urgente, même lorsque la maladie est à son début.

160. Hémoptysie.

L'hémoptysie, qui se lie à la tuberculisation pulmonaire ou à une affection du cœur, etc., motive l'exemption et la réforme. L'hémoptysie est facile à simuler.

161. Bronchite et pneumonie chroniques.

La bronchite et la pneumonie chroniques, avec dépérissement de la constitution, motivent toujours l'exemption et la réforme.

162. Emphysème pulmonaire.

L'emphysème pulmonaire entraîne nécessairement l'exemption. C'est une affection assez fréquente dans l'armée ; elle n'exigerait la réforme que si elle était assez étendue pour provoquer des accès de suffocation.

163. Asthme.

L'asthme, affection quelquefois essentielle, sans lésions organiques apparentes, est le plus souvent sous la dépendance d'une altération du cœur, des gros vaisseaux ou des poumons ; dans l'un ou l'autre cas, il s'oppose à la vie active et rend impropre au service militaire. L'asthme nerveux, d'une constatation difficile, exige une enquête. Les autres variétés se reconnaissent aux lésions qui les déterminent.

164. Epanchements pleuraux.

Les épanchements pleurétiques sont toujours des cas d'exemption ; ils exigent la réforme lorsqu'ils ont résisté à un traitement rationnel, qu'ils ont altéré la constitution ou déformé le thorax.

Cœur et aorte.

165. Cyanose.

La cyanose, résultant ou non de la persistance du trou de Botal, motive l'exemption.

La cyanose peut être simulée, mais la fraude est facile à reconnaître.

166. Transposition des organes.

La transposition des organes pectoraux de gauche à droite n'est pas une cause d'incapacité de servir, quand il n'y a pas de troubles fonctionnels.

167. Péricardite et endocardite.

La péricardite et l'endocardite aiguës laissent souvent après elles des altérations graves qui doivent faire prononcer l'exemption ; il en est de même pour la péricardite chronique et l'hydropéricardite. Ces affections peuvent aussi nécessiter la réforme, si elles sont rebelles.

168. Hypertrophie du cœur.

L'hypertrophie du cœur s'oppose formellement à l'admission dans l'armée ; elle entraine la réforme.

169. Dilatation du cœur.

La dilatation du cœur avec amincissement des parois détermine, comme l'hypertrophie, une augmentation de la matité précordiale ; mais elle s'en distingue par l'affaiblissement des contractions du cœur, la diminution de son impulsion, l'absence de voussure de la région précordiale. Elle motive l'exclusion de l'armée lorsqu'elle présente tous les signes qui affirment sa permanence et son incurabilité.

170. Insuffisance et rétrécissement des orifices cardiaques.

L'insuffisance ou le rétrécissement des orifices cardiaques sont des affections qui rendent le sujet impropre au service militaire : le médecin ne doit pas se méprendre sur la valeur du bruit de souffle, qui n'est quelquefois qu'un signe d'anémie.

171. Anévrisme de l'aorte thoracique.

L'anévrisme de l'aorte thoracique, qui échappe le plus souvent à l'observation tant qu'il n'a pas déterminé de troubles fonctionnels assez importants pour attirer l'attention, est incompatible avec la profession militaire.

Abdomen.

172. Affections des parois abdominales.

Les contusions, les plaies, les ruptures musculaires, les inflammations, quand elles ont pour effet de diminuer la force de résis-

tance des parois de l'abdomen à la pression des organes inté-
rieurs, de prédisposer aux hernies, de réagir sur les viscères,
nécessitent l'exemption et la réforme.

Les fistules ou les trajets fistuleux entretenus par une lésion
osseuse ou par une lésion des viscères intra ou extra-péritonéaux,
constituent des cas d'exemption, et peuvent aussi entrainer la
réforme.

173. Hernies.

Toute hernie abdominale, inguinale, crurale, ombilicale, épigas-
tique, etc., simple ou compliquée, réductible ou non, motive
l'exemption.

Les hernies inguinales et crurales ne s'étendant pas au delà de
l'orifice externe du canal sont compatibles avec le service auxiliaire.

La réforme doit être prononcée dans les cas suivants : 1° éven-
tration ; 2° hernie double, inguinale ou crurale ; 3° hernie volumineuse, difficile à réduire et à maintenir réduite ; 3° hernie péri-
tonéo-vaginale avec descente incomplète ou adhérence du testicule en avant du canal inguinal extrème.

La hernie ne peut être simulée : quelquefois des fourbes cher-
chent à donner le change en portant un bandage herniaire.

Elle peut être dissimulée par les engagés volontaires et par tous
ceux qui ont intérêt à se faire admettre dans l'armée. Il convient
d'examiner la ligne blanche, la région inguinale et la région crurale supérieure. Non seulement il faut appliquer la main sur les
orifices qui peuvent livrer passage aux viscères, mais encore porter le doigt dans le canal, afin d'en reconnaitre la dilatation et
sentir si une portion de viscère ne se présente pas à l'orifice
interne. Dans le doute, on fait soulever par le sujet un fardeau
qui exige d'assez grands efforts.

174. Affections du péritoine.

La péritonite chronique rend impropre au service militaire. La
péritonite aiguë, quoique étant une affection grave, peut se terminer heureusement. Le médecin tiendra donc compte, pour formuler son opinion, de la cause de cette affection, de son étendue,
de son intensité. S'il le juge utile, il demandera le renvoi de l'examen à la fin des opérations du conseil de revision.

175. Ascite.

L'ascite, qui peut être déterminée par des causes très variées,
motive l'exemption, et peut nécessiter la réforme, si elle résiste
aux moyens thérapeutiques.

176. Tympanite.

La tympanite est le plus ordinairement d'une courte durée, et, à moins d'être liée à une affection grave, ne nécessite pas l'exemption.

Des simulateurs, jouissant de la faculté d'avaler de l'air, produisent quelquefois une tympanite qui ne pourrait en imposer qu'à une personne sans expérience.

177. Tumeurs de l'abdomen.

Les tumeurs de l'abdomen : engorgements ganglionnaires volumineux, tumeurs tuberculeuses ou carcinomateuses, etc., entraînent l'incapacité absolue de servir.

178. Maladies de l'estomac et des intestins.

Les affections chroniques de l'estomac et des intestins, lorsque leur existence est bien démontrée, sont des motifs d'exemption, et font prononcer la réforme si elles sont réfractaires à toute médication.

179. Lésions organiques, hématémèse.

L'hématémèse est incompatible avec la vie militaire ; mais il ne faut pas se laisser tromper par les simulateurs qui ingèrent secrètement une certaine quantité de sang qu'ils vomissent devant les personnes dont ils invoquent ensuite le témoignage. Lorsque l'hématémèse est liée à une affection grave, elle donne toujours lieu à divers symptômes qui en révèlent l'existence, et lorsque l'hémorragie s'est répétée, elle détermine un affaiblissement et un amaigrissement marqués.

Les lésions organiques de l'estomac et des intestins, ulcères chroniques, cancer, rétrécissements ou obstructions intestinaux sont autant d'affections qui rendent impropre au service militaire.

180. Affections du foie et de la rate.

Les affections du foie de longue durée, telles que l'hépatite chronique, les abcès, les tumeurs acéphalocystes, le cancer, la cirrhose, les calculs de la vésicule biliaire, motivent l'exemption, et fréquemment la réforme.

Les engorgements chroniques volumineux de la rate, les abcès et les tumeurs de cet organe sont dans le même cas.

Toutefois, dans les contrées palustres, où des fièvres intermittentes sont endémiques, il n'est pas rare de rencontrer des engorgements de la rate et du foie qui disparaissent sous l'influence d'une médication appropriée, et surtout d'un changement de résidence. Ces considérations sont de nature à imposer une certaine réserve au médecin chargé de faire connaître son opinion au conseil. Il devra toujours se prononcer pour l'admission des sujets qui n'ont qu'un engorgement peu considérable et dont l'état général est d'ailleurs satisfaisant.

Rachis.

181. Spina-bifida.

Le spina-bifida ou hydrorachis persistant jusque dans l'âge adulte motive l'exemption.

182. Déviations du rachis.

La lordose et la scoliose latérale impliquent l'impossibilité de servir, si elles sont assez prononcées pour constituer une difformité.

Les déviations offrent beaucoup de ressources à la simulation : on voit des sujets se présenter le dos voûté, la poitrine creusée en avant et prétendant ne pouvoir pas se redresser. On déjoue cette supercherie soit en faisant coucher l'individu sur le ventre, lui serrant fortement les lombes à l'aide d'une ceinture et lui étendant ensuite les bras au-dessus de la tête, soit, au contraire, en le plaçant sur le dos et en ôtant tout point d'appui à ses extrémités.

D'autres simulent des déviations latérales en les provoquant à l'aide d'agents mécaniques, et quelquefois arrivent à produire des courbures permanentes qui constituent une infirmité réelle et irrémédiable. Dans la déviation latérale simulée, la courbure est unique, étendue, et comprend les régions lombaire et dorsale : le tronc est plus ou moins incliné du côté opposé à la convexité de la courbure, suivant que le bassin est plus ou moins élevé de ce dernier côté. Il n'y a pas, comme dans la déviation spontanée, une torsion de la colonne vertébrale ; l'épaule correspondante à la convexité est plus élevée que l'autre, mais ne fait pas de saillie en arrière, et le thorax n'est pas sensiblement déformé. En dedans de la courbure, la peau présente des plis parallèles assez profonds, tandis que, dans la scoliose vraie, ces plis sont peu marqués, siègent sous l'aisselle, si la courbure opposée est à la région dorsale ; entre les fausses côtes et la crête iliaque, lorsque la courbure est dorso-lombaire.

Les déviations provoquées se reconnaissent aux mêmes signes : à l'absence de courbures multiples et de torsion des vertèbres. Les simulateurs parviennent quelquefois, en combinant certains moyens, à produire des courbures alternes, mais ils n'arrivent jamais à obtenir la torsion de la colonne vertébrale. Toutefois, il ne faut pas oublier que les déviations latérales déterminées par la claudication sont le plus souvent limitées à une courbure simple et sans torsion des vertèbres ; mais alors le médecin pourra constater soit un raccourcissement réel d'un des membres inférieurs, soit une affection de l'articulation de la hanche, luxation ou coxalgie. Du reste, quelle que soit la présomption que l'on puisse avoir relativement à la provocation, elle ne s'élève jamais à un degré de certitude suffisant pour motiver une accusation, et, du moment que l'infirmité existe et qu'elle est irrémédiable, l'exemption doit être prononcée.

183. Raccourcissement de la taille, simulation.

Quand la taille de l'homme ne dépasse que fort peu le minimum légal, il peut, en courbant la colonne vertébrale ou par des attitudes obliques, se rapetisser et obtenir ainsi une exemption pour défaut de taille. On évite des erreurs de ce genre en pratiquant la mensuration du sujet après l'avoir fait étendre sur le sol, de façon à redresser la colonne vertébrale ainsi que les membres inférieurs.

Les jeunes gens ajournés deux fois pour défaut de taille doivent être classés dans le service auxiliaire, lors d'un troisième examen devant le conseil de revision.

184. Fractures, luxations et caries.

Les fractures et les luxations, l'ostéite tuberculeuse des vertèbres, l'arthrite et l'ankylose des articulations vertébrales peuvent amener des déformations du rachis ou gibbosités, qui se distinguent des déviations précédentes; elles motivent toujours l'exemption et souvent la réforme.

185. Lumbago.

Le rhumatisme lombaire ou lumbago n'est pas une cause d'exemption; mais la douleur des lombes peut être déterminée par d'autres lésions qui ont plus de gravité. On doit donc apporter, dans cet examen, la plus grande attention et s'assurer que le lumbago ne se rapporte pas à une affection du rachis, de la moelle ou des reins. Le médecin se rappellera aussi que le rhumatisme chronique des lombes est souvent invoqué par les simulateurs.

186. Hernies lombaires.

Les hernies lombaires motivent l'exemption; elles sont fort rares, mais il importe de connaître leur possibilité et de pouvoir en porter le diagnostic.

Bassin.

187. Vices de conformation.

Les vices de conformation du bassin, résultant d'une étroitesse, d'un développement exagéré ou d'une déviation anormale, les déformations consécutives à une fracture vicieusement consolidée ou à toute autre lésion, motivent l'exclusion de l'armée.

188. Relâchement des symphyses.

Le relâchement des symphyses nécessite l'exemption et la réforme. Ces conclusions ne s'appliquent ni à l'entorse, ni à la luxation du coccyx, affections légères qui ont rarement des conséquences sérieuses.

189. Arthropathies.

L'arthrite sacro-iliaque donne lieu à des accidents graves, qui mettent dans l'impossibilité de servir.

190. Psoïtis.

Le psoïtis est susceptible d'une terminaison heureuse ; mais on le voit aussi amener des abcès, des rétractions du membre inférieur sur le bassin, accidents qui déterminent l'incapacité de servir dans l'armée.

191. Phlegmons et abcès.

Les phlegmons et abcès de la fosse iliaque, quelle qu'en soit l'origine, nécessitent l'exemption ; la réforme n'est prononcée qu'en cas d'incurabilité.

192. Plaies, contusions.

Les plaies et les contusions du périnée, lorsqu'elles intéressent l'urèthre, peuvent être graves et provoquer l'exemption ; elles amènent fréquemment à leur suite des retrécissements uréthraux qui nécessitent quelquefois la réforme.

193. Plaies à l'anus.

Les plaies ou déchirures de l'anus, à moins de complications, ne motivent pas l'exemption.

194. Phlegmons et abcès du périnée.

Les phlegmons et les abcès du périnée, déterminés par une lésion des voies urinaires ou symptomatiques de lésions osseuses, entrainent l'exemption et quelquefois la réforme.

195. Fissure de l'anus.

La fissure à l'anus, le plus souvent liée à des hémorroïdes ou à la syphilis, même compliquée de contracture du sphincter anal, ne doit déterminer que rarement l'exemption. Cette affection est quelquefois très pénible pour les malades, mais la guérison en est facile à l'aide d'un traitement approprié ou d'une opération chirurgicale peu importante.

196. Fistules urinaires et fistules à l'anus.

Les fistules siégeant au périnée ou au pourtour de l'anus, qu'elles soient en communication avec les voies urinaires ou avec le tube digestif, ou symptomatiques de carie, de nécrose des os du bassin, les fistules anales incomplètes, compliquées d'un décollement étendu du rectum, entraînent l'exemption. Les moyens chirurgicaux.doivent avoir été employés sans succès avant de proposer la réforme.

197. Affections du rectum.

Les affections du rectum : ulcérations de mauvaise nature, carcinômes, sont des causes absolues d'exemption et de réforme.

198. Rétrécissement du rectum.

Le rétrécissement du rectum, qui peut être la conséquence de lésions diverses, de plaies, d'ulcérations, d'affections syphilitiques, carcinomateuses, etc., qu'il siège à l'orifice anal ou sur un point plus élevé que l'intestin, est une cause d'exclusion de l'armée, et entraîne la réforme s'il ne peut être combattu avec succès.

199. Hémorroïdes.

Les hémorroïdes volumineuses, internes ou externes, ou compliquées d'ulcérations, de fongosités de la muqueuse, motivent l'exemption. La réforme doit être rarement prononcée, les hémorroïdes pouvant être rendues tolérables par un traitement approprié.

On essaye quelquefois, à l'aide de moyens grossiers, de simuler les hémorroïdes, ou on les exagère en prenant des bains de siège très chauds.

200. Chute du rectum.

La chute du rectum et la procidence de la membrane muqueuse du rectum à travers l'ouverture anale, qu'elle soit la conséquence d'hémorroïdes anciennes ou volumineuses ou d'une autre cause, sont des motifs d'exemption ; mais elles ne nécessitent la réforme que dans les cas où elles résistent à tout traitement.

201. Incontinence des matières fécales.

L'incontinence des matières fécales est généralement la suite d'une paralysie étendue à d'autres organes que le rectum; elle peut être aussi déterminée par un relâchement du sphincter et par une chute du rectum. Dans tous les cas, elle est une cause d'exemption, et elle peut motiver la réforme si elle est au-dessus des ressources de l'art.

Reins.

202. Lésions traumatiques des reins.

Les lésions traumatiques des reins ; plaies, contusions, peuvent donner lieu à un pronostic plus ou moins grave, qui servira de guide au médecin-expert pour faire prononcer l'admission ou l'exemption.

203. Néphrites.

La néphrite albumineuse, la néphrite calculeuse, motivent l'exclusion de l'armée. La néphrite simple, sans complication, sans purulence, ne doit faire prononcer l'exemption que si elle paraît assez sérieuse pour exiger un traitement prolongé et faire craindre une aggravation.

204. Calculs rénaux, abcès, kystes.

Les calculs rénaux sont une cause d'exemption, et même de réforme si les accidents qu'ils provoquent sont répétés et assez intenses pour empêcher la vie active.

Les abcès, les kystes, les dégénérescences des reins déterminent l'incapacité de servir.

Vessie.

205. Vices de conformation.

Les vices de conformation de la vessie : absence complète, atrophie, extrophie de cet organe et fistules urinaires ombilicales dépendant de la perméabilité de l'ouraque, sont autant de motifs d'inadmissibilité.

206. Lésions traumatiques.

Les plaies, les contusions, les ruptures de la vessie ont une gravité immédiate telle qu'on les rencontre rarement devant un conseil de revision ; cependant, si la guérison semblait devoir se produire sans laisser de traces, l'admission pourrait être prononcée.

207. Cystites.

L'inflammation chronique de la vessie nécessite l'exemption. La cystite aiguë, suivant son intensité et les causes qui la déterminent, peut être une cause d'exemption ; on attendra, si cela est nécessaire, pour prendre une décision, la fin des opérations du conseil de revision. Il importe de ne pas ignorer que cette affection est quelquefois provoquée dans un but de fraude.

208. Corps étrangers, calculs vésicaux.

Les corps étrangers introduits parfois dans la vessie, à la suite d'un traumatisme, d'un accident, soit par suite d'un cathétérisme ; les calculs vésicaux qui annoncent leur présence par de la douleur, un sentiment de pesanteur vers le bas-fond de la vessie, des troubles de la miction, de l'hématurie, une altération de l'urine, etc., motivent l'exemption. La réforme n'est prononcée qu'après l'emploi infructueux des divers moyens thérapeutiques.

209. Lésions organiques.

Les lésions organiques de la vessie : polypes, fongus, etc., sont incompatibles avec la vie militaire.

210. Incontinence d'urine.

L'incontinence d'urine nocturne dûment attestée par un acte de notoriété publique entraîne l'exemption de fait.

Hors de là, quand elle est simplement alléguée, elle n'empêche pas l'admission dans l'armée, sous réserve d'un examen ultérieur dans les hôpitaux, où l'observation déjouera la simulation.

L'incontinence permanente, reconnaissant toujours pour cause une lésion organique, soit une opération antérieure, a des conséquences en rapport avec la gravité de cette lésion. Dans les cas incurables, elle motive l'exemption et la réforme.

211. Rétention d'urine.

La rétention d'urine est souvent symptomatique d'affections plus sérieuses qui font obstacle au cours de l'urine : engorgement de la prostate, valvules du col vésical, rétrécissement du canal urétral ; elle nécessite alors l'exemption ; la réforme est réservée aux cas incurables.

Elle est difficile à simuler, la moindre pression sur l'hypogastre permettant de vaincre la résistance du col de la vessie et amenant la sortie de l'urine.

Urèthre.

212. Vices de conformation.

L'épispadias et l'hypospadias, ainsi que les autres anomalies du canal de l'urèthre, rendent impropre au service. Toutefois, l'hypos-

padias est compatible avec la vie militaire lorsque l'ouverture
du canal est située immédiatement en arrière de la base du gland,
que l'urine peut être projetée à distance, et que l'orifice est assez
large pour que la miction s'accomplisse sans difficulté.

213. Fistules uréthrales.

Les fistules uréthrales exposant les individus, chaque fois qu'ils
urinent, à souiller leurs vêtements, qui s'imprègnent d'une odeur
désagréable pour les voisins, motivent l'exemption. Si elles sur-
viennent après l'incorporation, on doit préalablement en entre-
prendre la guérison, quand il y a lieu de l'espérer; dans le cas
contraire, la réforme est indiquée.

214. Corps étrangers.

Les corps étrangers introduits dans l'urèthre ne justifient l'exemption que dans le cas où leur extraction qui, le plus souvent, se
pratique facilement, paraît nécessiter une opération grave. On
devra recourir à cette opération chez les militaires, et ne proposer
la réforme que si l'opération restait sans succès.

215. Rétrécissements.

Les rétrécissements de l'urèthre, appréciables à la diminution
du jet de l'urine, sont généralement d'une guérison difficile et entraînent des inconvénients incompatibles avec le service militaire.
Cependant, lorsqu'ils se déclarent chez des hommes présents sous
les drapeaux, ils ne motivent la réforme qu'après un traitement
prolongé sans bon résultat.

216. Maladies de la prostate.

Les abcès, l'hypertrophie de la prostate, les calculs prostati-
ques, déterminent l'exemption, et quelquefois la réforme, si la guérison n'en peut être obtenue.

Organes génitaux.

217. Vices de conformation. — Affections du pénis.

L'hermaphrodisme, l'absence du pénis, la perte partielle ou totale du pénis par suite de blessures ou de mutilations, nécessitent
l'exemption et la réforme.

L'atrophie du pénis, si prononcée qu'elle soit, ne saurait motiver l'exemption, à moins qu'elle ne se complique ou ne s'accompagne d'une atrophie des testicules.

Le phimosis et le paraphimosis, auxquels il est facile de porter remède, ne réclament ni l'exemption ni la réforme. Il en est de même des ulcérations et des végétations syphilitiques, à l'exception, cependant, des ulcères phagédéniques qui auraient détruit une partie notable de la verge.

218. Affections des bourses.

Les affections cutanées, qui causent une démangeaison insupportable et ne peuvent que s'aggraver sous l'influence du frottement occasionné par la marche et le contact des vêtements de laine, exigent l'exemption, plus rarement la réforme.

Les plaies, les déchirures du scrotum, les contusions, les infiltrations de sang, entraînent rarement l'exemption. Il importe de noter que la cicatrisation de ces plaies se fait facilement et presque toujours sans adhérences, en raison de la laxité des tissus.

Les phlegmons, les abcès ne comportent l'exemption que s'ils se rattachent à des lésions des voies urinaires.

L'œdème et l'emphysème du scrotum sont quelquefois provoqués à l'aide d'injections d'eau ou d'air. Dans aucun cas, ces lésions, fussent-elles spontanées, ne donnent lieu à l'exemption, à moins d'être liées à d'autres états morbides.

L'éléphantiasis du scrotum, extrêmement rare en France, est incompatible avec la vie militaire.

219. Varicocèle.

Le varicocèle n'entraîne l'impossibilité de servir qu'autant qu'il est douloureux ou que, par son volume considérable, il détermine une gêne prononcée dans la marche, et ces cas sont exceptionnels.

220. Hydrocèle. Hématocèle.

L'hydrocèle simple du cordon ou de la tunique vaginale, peu volumineuse et susceptible de guérir par un procédé thérapeutique ordinairement sans danger, ne motive pas l'exemption.

Au contraire, l'hydrocèle volumineuse ou symptomatique d'une lésion appréciable des organes, et l'hématocèle de la tunique vaginale entraînent l'exemption et la réforme, si elles sont incurables.

221. Perte, atrophie des testicules.

La perte des deux testicules par suite d'opération ou d'accident, l'atrophie de ces deux organes, acquise ou congénitale, portée à un haut degré, entraînent l'exemption. La perte ou l'atrophie d'un testicule, l'autre restant sain, est compatible avec le service militaire.

222. Anorchidie et cryptorchidie.

L'exemption est réservée aux cas où le testicule est retenu à l'anneau ou dans le canal ou tout contre l'orifice inguinal, en raison des douleurs qu'il provoque, de la prédisposition aux hernies qu'il entraine et de l'obstacle qu'il présente à l'application d'un bandage.

223. Tumeurs du testicule.

Les orchites chroniques, tuberculeuse, syphilitique, rendent inapte au service militaire.

L'enchondrôme, l'encéphaloïde et les autres dégénérescences du testicule sont des causes absolues d'exemption et de réforme.

224. Spermatorrhée.

La spermatorrhée ne peut être constatée devant un conseil de revision ; d'ailleurs, cet état morbide, généralement curable, ne peut être considéré comme une cause d'exemption.

Membres.

225. Anomalie des membres.

Toute anomalie dans le nombre, dans la forme, dans les rapports des membres, est incompatible avec le service militaire.

226. Inégalité.

L'inégalité des membres thoraciques ou abdominaux, portée au degré de compromettre l'harmonie des mouvements, entraine l'incapacité de servir.

227. Déviation.

L'avant-bras, au lieu de continuer dans son articulation avec le bras la ligne presque droite que le membre entier doit présenter, forme parfois un angle plus prononcé, ouvert en dehors. Il peut résulter de cette disposition vicieuse l'impossibilité d'exécuter avec régularité et précision certains temps du maniement des armes. Cette difformité entraine l'exemption ou le classement dans le service auxiliaire.

Les jambes déviées, cagneuses ou bancales peuvent apporter dans la marche une gêne, une irrégularité allant jusqu'à la claudication ; le rapprochement excessif des genoux s'oppose à la jonction des talons, leur éloignement détermine dans la marche un balancement disgracieux et devient rapidement une cause de fatigue. Ces difformités, suivant leur degré, entraînent l'incapacité de servir ou la désignation pour le service auxiliaire.

228. Atrophie.

L'atrophie congénitale constitue un motif manifeste d'inaptitude au service militaire. L'atrophie acquise doit être étudiée dans ses causes ; elle constitue ou ne constitue pas un motif d'incapacité, selon la possibilité ou l'impossibilité d'un retour prochain à l'état normal.

La plupart des lésions traumatiques récentes déterminent l'atrophie ; le médecin expert s'assurera que l'atrophie n'est pas provoquée ou entretenue dans un but coupable.

229. Lésions traumatiques.

Les lésions traumatiques qui affectent les membres et leurs articulations méritent la plus sérieuse attention, en raison des accidents actuels qu'elles déterminent et des difformités qu'elles peuvent laisser après elles. Le jugement à porter se déduira nécessairement de leur gravité, de leur étendue, de leur siège, de la nature des parties intéressées, des conséquences enfin qu'elles ont eues ou qu'elles peuvent avoir.

L'amputation et la résection, les courbures défectueuses et très prononcées des os longs, les dépressions profondes, les inégalités, les déviations, le raccourcissement, la fausse articulation provenant de fractures simples ou compliquées, ou reconnaissant pour cause les distensions articulaires, l'entorse violente et la luxation ancienne, incomplètement réduite ou non réduite, le relâchement des capsules et des ligaments articulaires avec mobilité anormale et luxation fréquente volontaire ou involontaire, l'ankylose vraie, la fausse ankylose, sont des causes d'exemption, et peuvent être des causes de réforme.

230. Lésions pathologiques.

Les déformations rachitiques, les engorgements chroniques résultant de phlegmons ou d'autres causes, l'œdème consécutif à des lésions vasculaires constatées et contre la provocation duquel il convient d'être en garde, les tumeurs blanches et les hydropisies anciennes des articulations, les fistules osseuses et articulaires, les corps mobiles constatés des articulations, motivent l'exemption. Ces maladies, dont les caractères sont généralement faciles à reconnaître, n'indiquent la réforme que lorsque les ressources thérapeutiques ont été épuisées.

231. Varices.

Les varices ne sont pas incompatibles avec le service actif; elles n'entraînent le classement dans le service auxiliaire que lorsqu'elles se présentent avec des flexuosités et des nœuds très apparents, ou lorsque la dilatation variqueuse atteint à la fois le réseau superficiel et profond, ou bien lorsqu'elle occupe les deux membres ou un seul membre avec un varicocèle prononcé ; lorsque les varices se compliquent d'altérations trophiques de la peau et d'ulcères, elles entraînent l'exemption.

232. Hygroma et altérations synoviales.

L'hygroma volumineux du genou avec altération des téguments et, en général, toutes les altérations graves des synoviales, motivent l'exemption et la réforme.

233. Névralgies, rhumatisme, goutte.

Les névralgies habituelles, telles que la sciatique, les douleurs rhumatismales, lorsqu'elles sont accompagnées d'atrophie ou de rétraction susceptibles d'amener un trouble fonctionnel appréciable, sont une cause d'exemption. Elle ne peuvent entraîner la réforme qu'autant que toutes les ressources de la thérapeutique ont échoué.

La goutte, le rhumatisme noueux, rares dans la jeunesse, sont des motifs d'incapacité de servir.

234. Lésions et mutilations des doigts de la main.

Les lésions et mutilations suivantes entraînent l'exemption ou la réforme :

1° Perte ou luxation du pouce ou d'une de ses phalanges ;

2° Perte totale de l'index si les autres doigts ont perdu leur onctionnement normal ; dans le cas contraire, la perte totale de l'index est compatible avec le service actif.

La perte partielle de l'index avec intégrité des mouvements des articulations conservées est compatible avec le service actif.

La perte d'une ou de deux phalanges de l'index, s'il y a en même temps ankylose rectiligne ou angulaire des articulations conservées, confère le classement dans le service auxiliaire.

3° Perte de deux doigts ou de deux phalanges de deux doigts ;

4° Perte simultanée de trois phalanges intéressant l'index et le médius ;

5° Perte simultanée d'une phalange de l'index, du médius et de l'annulaire de la main droite seulement.

235. Incurvation, flexion et extension permanente des doigts.

La raideur, l'incurvation, la flexion ou l'extension permanente d'un ou de plusieurs doigts peuvent être congénitales ou acquises et reconnaître des causes très diverses : cicatrices, rétractions fibreuses, sections et adhérences musculaires ou tendineuses, paralysies, altérations des phalanges ou de leurs articulations. Elles déterminent l'incapacité de servir, excepté dans les cas où elles sont très limitées et n'entravent pas les fonctions de la main, ou lorsque la flexion, quoique assez marquée, porte sur l'auriculaire, disposition assez fréquente chez les hommes habitués aux travaux manuels.

Les doigts surnuméraires motivent le classement dans le service auxiliaire, à moins qu'ils n'apportent une gêne considérable aux fonctions de la main. Dans ce cas ils confèrent l'exemption.

236. Doigts palmés.

Les doigts palmés sont une cause d'exemption du service militaire, lorsque la membrane qui les réunit s'oppose au libre exercice de leurs fonctions.

237. Difformités professionnelles des membres.

Développées dans certaines régions par le travail professionnel, les difformités des membres ne sont une cause d'exemption que lorsqu'elles entraînent une gêne notable dans les fonctions.

238. Pied bot.

Les pieds bots, quels qu'en soient la variété et le degré, entraînent l'inaptitude au service. Un faible degré de pied bot peut être provoqué par une mauvaise attitude du pied, soit permanente, soit momentanée.

239. Pied plat.

Le pied plat, avec saillie anormale de l'astragale et du scaphoïde au-dessous de la malléole interne et projection de l'axe de la jambe en dedans de l'axe du pied, peut seul exempter du service militaire.

Le simple effacement de la voûte n'est pas un motif d'incapacité de servir, surtout dans la cavalerie.

240. Pied creux.

Le pied creux ne doit entraîner l'exemption que lorsqu'il nécessite une chaussure spéciale ou lorsqu'il a une origine pathologique.

241. Orteils surnuméraires.

Des orteils surnuméraires, quelle que soit leur disposition, exemptent du service, s'il en existe plus d'un à chaque pied et si leur disposition gène le port de la chaussure.

242. Direction vicieuse des orteils, chevauchement.

Le chevauchement d'un ou de plusieurs orteils, s'il existe à un degré exagéré, s'il est complet, permanent et gène notablement la progression, devient une cause fréquente de blessures dans la marche et à ce titre peut nécessiter l'exemption du service actif et motiver le classement dans le service auxiliaire.

On reconnaît que cette difformité est provoquée en s'assurant que l'orteil déplacé ne s'est pas creusé une loge dans les orteils sur lesquels il appuie.

243. Orteils en marteau, marche sur l'ongle.

L'orteil en marteau, assez prononcé pour amener l'usure de l'ongle par le contact du sol et déterminer un angle saillant et douloureux de l'articulation phalango-phalanginienne, motive l'exemption du service actif, mais n'exempte pas du service auxiliaire.

244. Orteils palmés.

Les orteils palmés n'exemptent du service actif que dans les cas où ils sont tous intimement accolés et gènent considérablement la marche.

245. Mutilation des orteils.

La perte totale et la luxation non réduite du gros orteil ou d'une phalange du gros orteil, la perte simultanée de deux orteils voisins, la perte totale d'une phalange aux quatre derniers orteils, entrainent l'incapacité de servir.

246. Exostose sous-unguéale du gros orteil.

L'exostose sous-unguéale du gros orteil peut rarement entrainer l'exemption du service actif. Elle est compatible avec le service auxiliaire.

247. Cors, oignons.

Les cors ne constituent, en général, qu'une incommodité ; cependant, ils peuvent avoir acquis assez de développement pour apporter une gène notable dans la marche. Dans des circonstances tout à fait exceptionnelles, ils peuvent motiver l'exemption du service actif et du service auxiliaire.

Les oignons développés sur les orteils motivent l'exemption et la réforme lorsque l'affection s'étend au delà de l'épiderme et du derme et atteint les tissus péri-articulaires ou les os eux-mêmes.

248. Mal perforant.

Le mal perforant des pieds doit être considéré comme une cause d'incapacité de servir.

249. Affections des ongles.

L'onyxis simple et l'onyxis syphilitique ne sont pas des causes d'exemption. L'ongle incarné ne motive l'exemption et la réforme que lorsqu'il a amené des désordres assez étendus pour rendre difficile ou impossible une guérison complète.

250. Transpiration fétide des pieds.

La transpiration fétide et abondante des pieds peut être simulée ou dissimulée : lorsqu'elle est réelle, elle détermine habituellement une macération de l'épiderme et une odeur *sui generis*. Elle est une cause de réforme lorsqu'elle n'est pas susceptible d'être suffisamment atténuée par l'usage de préparations désodorantes.

251. Claudication.

La claudication, à moins qu'elle ne soit due à une affection aiguë et passagère, motive l'exemption et la réforme. Cette infirmité est souvent simulée et mérite un examen très attentif. Il ne suffit pas de s'assurer que les membres inférieurs sont égaux et ne présentent aucune difformité : il faut encore rechercher s'il n'existe pas dans leur continuité ou dans leurs articulations quelque lésion capable de produire la claudication, et si cete infirmité ne résulte pas d'une déviation du bassin ou de la colonne vertébrale.

IV. APTITUDE AU SERVICE AUXILIAIRE.

Les jeunes gens reconnus impropres au service actif ou armé ne doivent être désignés pour le service auxiliaire que s'ils ont l'aptitude physique nécessaire pour remplir les obligations qui leur incomberont lorsqu'ils seront appelés à servir. Ils ne doivent avoir aucune maladie ou infirmité qui puisse diminuer d'une manière notable la faculté de travailler ou constituer une difformité repoussante. Toutefois, n'ayant pas, au même degré que les jeunes gens classés dans le service actif, à supporter des fatigues et des privations prolongées, ils peuvent présenter certaines infirmités légères compatibles avec leurs fonctions.

Parmi les infirmités qui permettent l'admission dans le service auxiliaire, il en est qui, à un degré moins prononcé, sont également compatibles avec le service actif. De cette circonstance peut résulter quelque hésitation à classer les sujets dans l'un ou dans l'autre de ces deux services. C'est pour faire cesser toute indécision à cet égard qu'a été établie la seconde partie de cette instruction, à laquelle on n'a pas jugé nécessaire de donner autant d'étendue qu'à la première, relative au service armé. Si quelques infirmités, pouvant donner lieu à l'admission dans le service auxiliaire, ne s'y trouvent pas comprises, on pourra facilement suppléer à cette lacune en s'inspirant des conditions où se trouveront ces hommes, dans les bureaux, magasins, arsenaux, ateliers, chantiers de terrassements, etc., services dans lesquels ils sont à l'avance répartis pour le temps de guerre.

Infirmités ou difformités compatibles avec le service auxiliaire.

Sont compatibles avec le service auxiliaire :

1. La faiblesse de constitution, si après le troisième examen devant le conseil de revision elle ne nécessite pas l'exemption.

2. L'obésité qui n'aura pas motivé l'exemption par son développement excessif.

3. Le pytiriasis et l'ichtyose, si le premier n'occupe pas de grandes surfaces et si le second n'est pas généralisé.

4. Les tumeurs bénignes, kystes, lipomes, etc., les cicatrices, siégeant dans des régions où elles seraient incompatibles avec le port des effets ou de l'équipement réglementaires.

5. Les nœvi materni et les tumeurs érectiles qui sont peu développés ou qui, bien que volumineux et étendus, ne sont pas exposés à des pressions habituelles.

6. L'alopécie occupant une certaine étendue et indépendante du favus et de la pelade, les tumeurs bénignes du crâne : loupe, exostose ; les productions cornées, les cicatrices qui n'ont d'autre inconvénient que d'apporter une gène à la coiffure militaire : casque ou shako.

7. La perte du pavillon de l'oreille, si elle est totale ; son adhérence partielle aux parois du crâne, ses déformations ou malformations, si elles sont peu étendues.

8. La perforation de la membrane du tympan sans complication d'otorrhée.

9. La laideur extrême, telle qu'elle est définie à l'article 73, lorsqu'elle ne suffit pas à conférer l'exemption.

10. Les mutilations de la face, telles qu'elles sont définies à l'article 75, lorsqu'elles ne suffisent pas à conférer l'exemption.

11. Le symblépharon qui, sans amener une grande gène dans le mouvement des paupières, n'est pas un obstacle à la fonction visuelle.

12. La blépharite ciliaire ancienne sans renversement des paupières.

13. Les opacités de la cornée, les exsudats de la pupille, suivant le degré de diminution de l'acuité visuelle défini au paragraphe 2 de l'article 85.

14. La myopie supérieure à six dioptries, à condition que l'acuité visuelle soit ramenée par des verres concaves, aux limites stipulées au paragraphe 2 de l'article 85, et qu'il n'y ait pas de lésions choroïdiennes étendues.

15. L'hypermétropie et l'astigmatisme, lorsqu'ils déterminent

l'abaissement de l'acuité visuelle défini dans le paragraphe 2 de l'article 85.

16. Le strabisme fonctionnel, si la diminution de l'acuité visuelle est telle qu'elle est définie au paragraphe 2 de l'article 85.

17. La perte d'un grand nombre de dents, si les gencives ne sont pas altérées et si la constitution du sujet est satisfaisante.

18. Le bec-de-lièvre congénital ou accidentel simple et peu étendu.

19. Le bégaiement, quand il est assez prononcé pour empêcher de transmettre intelligiblement une consigne.

20. Les tumeurs du cou : le goitre, les kystes séreux, les adénites peu développées, qui ne sont une cause de l'exclusion du service actif qu'en raison de la gêne causée par l'habillement militaire.

21. Les déformations de la poitrine : enfoncement ou saillie du sternum ou des côtes, qui ne nuisent pas aux fonctions des organes internes ; les arrêts de développement, les courbures vicieuses, les pseudarthroses de la clavicule, les déformations de l'omoplate qui n'entravent pas les mouvements des membres supérieurs.

22. Les hernies inguinale et crurale ne dépassant pas l'orifice externe du canal.

23. La cryptorchidie, lorsque le sujet présente les caractères généraux de la virilité.

24. Les difformités congénitales ou acquises des membres qui n'entravent pas notablement leurs fonctions, telles que : un cal volumineux et même légèrement difforme ; une incurvation modérée des membres supérieurs ou inférieurs ; l'inégalité des membres supérieurs ; le raccourcissement d'un membre inférieur, s'il n'en résulte qu'une légère claudication.

25. Les varices, se présentant dans les conditions de non-acceptation pour le service actif, stipulées article 231.

26. L'hygroma chronique, les kystes synoviaux assez prononcés pour exclure du service armé, ne compromettant pas néanmoins le jeu des articulations.

27. La raideur d'une articulation avec diminution légère de l'étendue des mouvements et qui ne nuit pas très sensiblement à l'action des membres, telles que : l'extension incomplète de l'avant-bras sur le bras, la flexion incomplète de la jambe sur la cuisse, les mouvements opposés étant entièrement libres ; la flexion permanente et complète de l'auriculaire de l'une ou l'autre main, la flexion incomplète de plusieurs doigts.

28. L'incurvation, la perte ou la mutilation des doigts ou des

orteils, non compatibles avec le service actif, qui ne gênent pas notablement les fonctions de la main et du pied.

29. Les doigts et orteils surnuméraires, le chevauchement des orteils, les orteils en marteau, l'exostose sous-unguéale se présentant dans les conditions de non-acceptation pour le service actif.

30. Le défaut de taille constaté par le troisième examen devant le conseil de revision, après deux ajournements.

V. APTITUDE PARTICULIÈRE AUX DIFFÉRENTES ARMES.

Les jeunes gens déclarés propres au service actif sont répartis par les commandants de recrutement dans les différentes armes, suivant leurs aptitudes physiques et professionnelles, en se conformant aux fixations déterminées chaque année par une instruction ministérielle.

Les principales qualités physiques nécessaires à certaines armes sont d'abord la taille, puis l'aptitude à la marche, à l'équitation, au tir, au service d'exploration, à porter la charge du soldat, aux manœuvres de force ; et l'une ou l'autre de ces aptitudes doit être entière pour que l'homme puisse concourir utilement au rôle affecté à son arme en temps de guerre.

La première de ces aptitudes, étant particulièrement fixée pour chaque arme, est facile à constater à l'aide d'une toise ; mais la détermination préalable des autres est plus complexe, et la compétence spéciale d'un médecin militaire pour apprécier les qualités physiques des hommes est souvent nécessaire. En conséquence, il peut être appelé à donner son avis sur l'aptitude physique, soit avant l'incorporation, dans les bureaux de recrutement, soit après l'incorporation, devant les chefs de corps ou devant les commissions départementales, lorsque ces dernières ont à statuer sur des changements d'armes. Dans ces circonstances, on se guidera sur les principes suivants :

INFANTERIE.

L'aptitude à l'infanterie comporte :

1° L'aptitude à la marche résultant de l'intégrité des membres inférieurs et de leur bonne conformation ;

2° L'aptitude à porter le fusil, les munitions et l'équipement, fardeau actuellement de 28 kilogrammes environ, qui exige une grande vigueur musculaire et que l'on imposerait inutilement à des sujets grêles ;

3° L'aptitude au tir à longue portée, qui n'est possible qu'à la condition de posséder une acuité visuelle normale, au moins pour l'un des deux yeux, le tir pouvant s'effectuer, par l'habitude, avec autant de précision de l'œil gauche que de l'œil droit.

Les hommes incorporés dans l'infanterie qui ne réunissent pas ces aptitudes ne peuvent être employés utilement que dans les services accessoires des corps.

La deuxième condition d'aptitude n'est pas indispensable pour les officiers de l'arme, ceux-ci n'étant pas soumis à l'obligation de porter la charge du soldat.

CAVALERIE.

L'aptitude à la cavalerie comporte :

1° L'aptitude physique à l'équitation, qui demande plus de souplesse que de vigueur, exclut l'obésité et des cuisses trop courtes; la conformation des jambes et celle des pieds peut d'ailleurs n'être pas irréprochable ;

2° L'aptitude au service d'exploration, qui exige une acuité visuelle normale, sinon des deux yeux du moins de l'un d'eux, et un champ de vision binoculaire bilatéral supérieur à 1/2.

Il faut ajouter que les hommes employés comme télégraphistes doivent pouvoir distinguer nettement le vert du rouge.

Les conditions d'aptitude relatives à l'équitation et au service d'exploration sont indispensables aux officiers de l'arme, les obligations du service étant sous ces rapports, pour eux, au moins égales, sinon plus importantes, que celles des hommes de troupe.

ARTILLERIE.

L'aptitude à l'artillerie comporte, pour les servants à pied ou à cheval, les conducteurs de batteries de montagne et les pontonniers :

1° L'aptitude à la marche, qui résulte de l'intégrité des membres inférieurs et de leur bonne conformation ;

2° L'aptitude aux manœuvres de force, c'est-à-dire être vigoureusement musclés et sans hernie ;

3° L'aptitude au pointage des pièces pour le tir à longue portée, qui exige une acuité visuelle normale, au moins pour l'un des deux yeux.

Les pontonniers doivent, en outre, pouvoir distinguer le vert du rouge.

Ces aptitudes ne sont pas indispensables à l'officier de l'arme, même celles qui sont relatives au tir, attendu qu'il peut, à l'aide d'une lunette de campagne, donner satisfaction aux besoins de ce service.

En revanche, l'aptitude physique à l'équitation lui est nécessaire, ainsi qu'aux servants à cheval et aux conducteurs des batteries montées et à cheval. Ces derniers doivent être assez vigoureux pour porter des fardeaux, mais la conformation des jambes et celle des pieds peut ne pas être irréprochable.

GÉNIE.

L'aptitude au service du génie comporte :

1° Les aptitudes physiques nécessaires à l'infanterie, surtout au point de vue de la marche ;

2° Les aptitudes aux manœuvres de force ;

3° Les perfections de la vue sont moins indispensables que dans l'infanterie, le tir à longue portée n'étant qu'accidentel pour l'arme du génie, où les aptitudes professionnelles deviennent particulièrement prépondérantes ; mais les hommes du régiment de chemins de fer doivent pouvoir distinguer nettement le vert du rouge.

Les conducteurs du génie sont en petit nombre et ils sont triés au régiment même, après l'incorporation, dans les mêmes conditions que ceux de l'artillerie.

Les aptitudes physiques des officiers du génie doivent être identiques à celles des officiers d'infanterie, les obligations matérielles du service étant semblables.

SAPEURS-POMPIERS.

L'aptitude au service dans le régiment des sapeurs-pompiers comporte :

1° Une constitution très robuste, l'intégrité absolue des organes de la respiration et de la circulation, l'absence de tendance aux varices et de dilatation des anneaux inguinaux, une vue normale ;

2° Une aptitude particulière aux manœuvres de force et aux exercices gymnastiques.

GENDARMERIE ET GARDE RÉPUBLICAINE.

L'aptitude au service dans la gendarmerie comporte, en général, les mêmes conditions que pour l'infanterie et la cavalerie, suivant qu'il s'agit de candidats se destinant à l'arme à pied ou à l'arme à cheval. Mais on ne devra admettre dans la garde républicaine, dont le service est particulièrement pénible, que des hommes absolument robustes et ne présentant aucun signe de déchéance ou d'affaiblissement pouvant disposer l'organisme à la tuberculose.

TRAIN DES ÉQUIPAGES.

L'aptitude au train des équipages comporte pour les conducteurs de mulets de bât :

1° L'aptitude à la marche ;

2° L'aptitude aux manœuvres de force.

Les autres cavaliers du train doivent réunir les mêmes conditions physiques que les conducteurs à cheval de l'artillerie, c'est-à-dire posséder l'aptitude physique à l'équitation et être assez vigoureux pour porter des fardeaux. Les hommes dont les membres sont mal conformés pour la marche et ceux dont la vision n'est pas irréprochable peuvent satisfaire à ce service.

Pour les officiers de l'arme, les obligations du service n'exigent que l'aptitude physique à l'équitation.

ARTIFICIERS, OUVRIERS D'ARTILLERIE ET D'ADMINISTRATION, INFIRMIERS MILITAIRES.

Dans les compagnies d'ouvriers d'artillerie et d'artificiers, dans les sections de commis et ouvriers d'administration et dans les sections d'infirmiers, les aptitudes professionnelles sont prépondérantes et les aptitudes physiques secondaires ; l'aptitude à la marche peut être médiocre et la vision imparfaite. Cependant, les ouvriers des sections d'administration doivent posséder la vigueur nécessaire pour porter des fardeaux, et il faut écarter des sections d'infirmiers les hommes de constitution chétive, qui offriraient peu de résistance à l'atteinte des maladies contagieuses, auxquelles ils sont particulièrement exposés ; des hommes assez vigoureux y sont aussi nécessaires pour exécuter la manœuvre de force qui consiste à soulever un malade dans son lit ou à le porter seul d'un lit à un autre.

ENGAGEMENTS VOLONTAIRES.

Afin d'assurer le recrutement de toutes les capacités nécessaires aux services de l'armée, les engagés sont reçus dans les différentes armes à la faveur de tolérances pour la taille déterminées par un tableau annexé au décret du 28 septembre 1889.

APPROUVÉ :

Le Ministre de la guerre,
Signé : A. MERCIER.

(Conditions à remplir en ce qui concerne la vue pour les candidats aux écoles militaires.)

Circulaire du 26 septembre 1895.

Antérieurement à 1894, les candidats aux écoles militaires n'avaient à remplir, en ce qui concerne la vue, d'autres conditions que celles fixées pour les hommes du contingent. On admettait même, à cet égard, certaines tolérances pour l'Ecole polytechnique.

La circulaire du 1er octobre 1894 a imposé aux candidats aux écoles militaires des conditions de vue plus rigoureuses que celles fixées pour l'admission des hommes de troupe dans l'armée. Ces dernières conditions sont définies par l'instruction générale du 13 mars 1894 sur l'aptitude physique militaire; elles sont analogues à celles qui sont admises dans presque toutes les grandes armées européennes (officiers et troupe).

Il résulte de cette nouvelle réglementation qu'un certain nombre de jeunes gens, tout en étant éliminés, en raison de leur vue, des concours pour les écoles militaires, peuvent cependant être astreints à servir en qualité de soldats ou de sous-officiers, mais sans pouvoir prétendre au grade d'officier.

Cet état de choses s'écarte de l'esprit de nos institutions militaires et a déjà soulevé bien des protestations. Il me parait utile d'y porter remède.

Il n'existe pas, en effet, de différence appréciable entre les qualités de vue nécessaires à un soldat ou à un officier; si la tâche de ce dernier est plus importante, il possède, par contre, plus de facilités pour s'outiller de manière à corriger, dans la mesure du possible, le défaut de vision dont il peut être atteint.

Il ne faut pas oublier que, si les officiers doivent remplir toutes les conditions d'aptitude physique nécessaires pour le service armé, ils doivent aussi se recruter parmi les hommes les plus intelligents et les plus instruits de la nation; toute exagération dans les exigences relatives à l'aptitude physique éliminerait une proportion notable de capacités et aurait pour conséquence un certain abaissement du niveau intellectuel du corps d'officiers.

Le souci de la défense de notre pays exige que l'on utilise toutes les forces, toutes les capacités de la nation, sans en excepter aucun.

Il n'est pas difficile, d'ailleurs de trouver dans l'histoire de nos guerres des exemples de chefs militaires ayant rendu les plus grands services au pays et auxquels l'application des prescriptions de la note du 1er octobre 1894 aurait interdit l'accès du corps d'officiers.

J'ai décidé, d'après ces considérations, que l'instruction du 1er octobre 1894 serait abrogée et que les candidats aux diverses écoles militaires seraient soumis, sans restriction, aux conditions générales d'aptitude physique prévues pour l'admission dans l'armée par le règlement du 13 mars 1894.

Toutefois, il est incontestable qu'à intelligence et instruction égales, une bonne vue constitue pour un officier un élément de supériorité, dont il convient de tenir compte, dans une certaine mesure, dans les concours pour l'admission dans les écoles militaires.

A cet effet, la vue donnera lieu dorénavant à une note spéciale à laquelle sera attribué un coefficient; le nombre de points résultant s'ajoutera à celui obtenu aux examens et entrera en ligne de compte dans le classement définitif.

Le coefficient de cette note pourra varier suivant les exigences du service dans les différentes armes ou services; il sera déterminé chaque année, par les instructions ministérielles sur l'admission aux écoles militaires.

Gal Zurlinden.

TABLE DES MATIÈRES

Organes de la vision.

Paris et Limoges. — Imprimerie militaire Henri Charles-Lavauzelle.

Librairie militaire Henri CHARLES-LAVAUZELLE

Paris, 11, place Saint-André-des-Arts.

Décret et règlement du 6 avril 1888 relatifs à l'emploi de médecins auxiliaires en cas de mobilisation. — (*B. O.*, n⁰ 18.)............ » 30

Décret du 14 novembre 1891, relatif au recrutement des pharmaciens militaires, suivi de l'instruction ministérielle du 15 novembre 1891 relative à l'admission aux emplois d'élève en pharmacie du service de santé et du règlement ministériel de la même date, relatif aux élèves...... » 20

Décret du 18 décembre 1889 sur l'avancement des médecins et pharmaciens de réserve et de l'armée territoriale...................... » 15

Décret du 7 janvier 1890, portant organisation d'un corps de santé colonial. — Brochure in-32 de 48 pages.................... » 50

Note ministérielle du 29 décembre 1893, relative au mode de gestion applicable aux objets de pansement de consommation courante. — Brochure in-8⁰ de 32 pages, *franco*...................... » 4C

Décret du 25 novembre 1889 portant règlement sur le service de santé de l'armée à l'intérieur (4⁰ édition, annotée et mise à jour, 1896).
Texte. — Volume in-8⁰ de 436 pages, broché.............. 5 »
Modèles. — Volume in-8⁰ de 576 pages, broché.................. 5 »

Décret du 31 octobre 1892 portant règlement sur le service de santé de l'armée en campagne. Ouvrage accompagné de 44 planches et d'un grand nombre de tableaux (2⁰ édition). — Vol. in-8⁰ de 522 p., broché. 4 »

Décision ministérielle du 27 juin 1894 attribuant en cas de guerre aux officiers et hommes de troupe un paquet individuel de pansement. — Fascicule in-8⁰ .... » 10

Instruction du 9 juin 1888 pour l'exécution de la loi du 22 janvier 1851, portant création de la statistique médicale de l'armée. — Brochure in-8⁰ de 96 pages.......................... » 70

Note ministérielle du 22 mars 1889, relative à l'installation des appareils de suspension des brancards à deux étages dans les trains sanitaires improvisés. — Fascicule in-8⁰ de 8 pages.............. ... » 10

Décision ministérielle du 30 juillet 1890 portant description du modèle du brassard de la convention de Genève. — (*B. O.*, n⁰ 52.)...... » 15

Décret du 19 octobre 1892, portant règlement sur le fonctionnement général des sociétés d'assistance aux blessés et malades des armées de terre et de mer. (*B. O.*, n⁰ 46.)..... .... » 20

Instruction ministérielle du 13 mars 1894 sur l'aptitude physique au service militaire (*article 20 de la loi du 15 juillet 1889*) (2⁰ édition). — Brochure in-8⁰ de 72 pages.................................... » 50

Cahier des charges du 11 juillet 1894 pour la fourniture des denrées, liquides, combustibles, objets de consommation et matériaux d'emballage à faire annuellement aux hôpitaux militaires. — Brochure in-8⁰ de 48 pages, *franco*.................................... » 50

Manuel du service des hôpitaux, à l'usage des officiers d'administration de la réserve, de l'armée territoriale et des candidats à ce grade, par S. POULARD, sous-intendant militaire, licencié en droit. — Volume grand-in-8⁰ de 306 pages, broché.................................... 6 »

Recueil des conférences sur le service de santé de l'armée à l'intérieur et en campagne faites aux officiers d'administration de réserve et de l'armée territoriale, par M. A. LEMOINE, officier d'administration adjoint de 1ʳᵉ classe du service des hôpitaux militaires. — Vol. in-8⁰ de 232 pages, broché, avec 49 planches.......................... 3 50

Des projectiles actuels et de leurs rapports avec la chirurgie de guerre, *Étude de chirurgie de guerre* par le docteur Johann HABART, médecin-major de la garde impériale et royale hongroise. Traduit de l'allemand par le docteur M. Level, médecin-major de 1ʳᵉ classe au 137⁰ d'infanterie. — Brochure in-8⁰ de 78 pages.................... 2 50